Lebenscoaching für Kinder und Jugendliche

– 120 Expressive Kunstaktivitäten –

Lebens Coaching

für Kinder und Jugendliche

120 Expressive Kunstaktivitäten

Klaus W. Vopel

iskopress

Klaus W. Vopel: Lebenscoaching für Kinder und Jugendliche
ISBN 978-3-89403-459-7
1. Auflage 2016

Internet: www.iskopress.de

Covergestaltung: Mathias Hütter, Schwäbisch Gmünd
Druck und Bindung: Strauss GmbH, Mörlenbach

Bibliografische Information der Deutschen Bibliothek
Die Deutsche Bibliothek verzeichnet diese Publikation
in der Deutschen Nationalbibliografie;
detaillierte bibliografische Daten sind im Internet
über http://dnb.ddb.de abrufbar.

Inhalt

Vorwort 9
Einleitung 12
Kunsttherapie und Adoleszenz. 12
Schnelle Hilfe, lösungsorientiert 17

Die Experimente 21
Am Anfang ist der Name 21
Zwei-Minuten-Bild 22
Kreative Form 23
Drei Miniaturen 24
Spaghettidesign 25
Gefühl des Augenblicks 26
Punkte 27
Teamwork 28
Ein Geheimnis 29
Wer ist es? 30
Jeder ist kreativ 31
Welches sind deine Träume? 32
Mein «Warenzeichen» 33
Farbige Symbole 34
Satzzeichen mit Figur 35
Zahl mit Nachbarschaft 36
Initialen mit Verzierung 37
Urteil der Gefühle 38
Popstar 39
Hässlich 40
Der Eingang zur Schule 41
Der Blick aus dem Fenster. 42
Vertrauen 43
Das Handy 44
Die Schule anmalen 45
Ein Logo für die Schule 46
Gestresste Schüler – gestresste Lehrer. 47
Glücklicher Schüler– glücklicher Lehrer. 48
Freude 49
Ein Lächeln 50

Das Tattoo 51
Bild der Schlüssel 52
Protest! 53
Schönheit 54
Schmetterlinge 55
Kinohelden 56
Das Dunkle im Hellen 57
Einsamkeit 58
Die Hand 59
Top Five 60
Aussortieren 61
Lehrer 62
Bewunderung 63
Was verstehen Eltern nicht? 64
Willensstärke 65
Probleme in der Klasse 66
Nachts 67
Die Farben des Lebens 68
Reparaturen 69
Glücklich 70
Das Urteil der Gefühle 71
Unscharf 72
Rot 73
Mutter 74
Das Fahrrad 75
Fotoalbum 76
Ein Mentor 77
Genuss 78
Die Erleuchtung 79
Das Ohr 80
Stille 81
Nicht anfassen 82
Angst 83
Der Mann im Mond 84
Ein Goldrahmen 85
Traum 86
Das Aquarium 87
Model 88

Der kleine Prinz . . . 89
Das Raumschiff . . . 90
Der Vulkan . . . 91
Roboter mit Familienanschluss . . . 92
Der Polizist. . . . 93
Meine Gefühle . . . 94
Die Siegertreppe. . . . 95
Die Flagge . . . 96
Armut . . . 97
Gespenster . . . 98
China . . . 99
Wetter . . . 100
Äpfel . . . 101
Lange . . . 102
Nicht ohne XYZ. . . . 103
Was kann ich nicht vergessen?. . . . 104
Donnerstag . . . 105
Zu lang . . . 106
Sternstunde. . . . 107
Wolkenkratzer . . . 108
Die Medaille. . . . 109
Der Heißluftballon . . . 110
Der Regenbogen. . . . 111
Ein Mund . . . 112
Es werde Licht . . . 113
Der Ring. . . . 114
Schmerzen . . . 115
Abschied . . . 116
Das erste Mal . . . 117
Wiederholung. . . . 118
Absichtslos. . . . 119
Wildnis. . . . 121
Niederlagen . . . 122
Das Leben lieben . . . 123
Der Leuchtturm . . . 124
Der Fluss . . . 125
Der Computer. . . . 126
Der Spaziergang. . . . 127

Der Teich . . . 128
Zwei Vögel. . . . 129
Ein Tier. . . . 130
Das Schloss . . . 131
Aufräumen . . . 132
Spur im Schnee . . . 133
Das Haus . . . 134
Das Samenkorn . . . 135
Der Tunnel . . . 136
Spielzeug . . . 137
Punkte verbinden . . . 138
Das Zifferblatt . . . 139
Der Jahrmarkt. . . . 140
Fehler . . . 141
Kraft des Willens . . . 142

Vorwort

Kinder und Jugendliche haben ein natürliches Bedürfnis, ihre Gefühle, Wünsche und Ideen spontan auszudrücken. Andererseits sind sie noch unsicher, wie sie im Leben zurechtkommen werden. Obgleich sie mit einem gewaltigen Vorrat an Kreativität gesegnet sind, schätzen sie Chancen und Widerstände in ihrer Umgebung und im gesamten Lebenskontext oft falsch ein. Nicht immer sind wir Erwachsenen mit den Entwicklungsgesetzen der Jugend vertraut und es kommt zu Kritik und Konfrontationen. Die eigene Jugendzeit liegt für viele von uns so weit zurück, dass wir vergessen haben, wie unsicher und verletzlich wir selbst zwischen elf und zwanzig Jahren waren.

Wer beruflich mit Kindern und Jugendlichen zu tun hat, braucht eine flexible Haltung und muss in der Lage sein, Unsicherheit auszuhalten. Jeder Teenager ist ein Einzelfall und wünscht sich, als Unikat betrachtet zu werden.

Manche Jugendliche bewegen sich relativ geschmeidig durch diese Jahre, während andere an Hindernissen straucheln und Mühe haben, nicht zu verzweifeln. Außerdem ändert sich das soziale und technologische Umfeld der Jugendlichen heute in überraschenden Sprüngen. Die elektronischen Medien ermöglichen auf Knopfdruck Informationen und Kontakte und führen bei vielen zu einem trügerischen Gefühl persönlicher Macht. Andererseits stellen wir fest, dass der direkte Kontakt der Jugendlichen untereinander lockerer wird, und dasselbe gilt für ihr Verhältnis zur Natur. Oftmals beobachten wir einen raschen Wechsel von einer Ideologie zur nächsten, von einer Form der Selbstdarstellung zu einer anderen. Die meisten von uns kennen das Vokabular der Jugendlichen nur unzureichend und sind kaum in der Lage zu verstehen, woran sie glauben bzw. woran sie zweifeln. Es gibt keine einheitliche Entwicklungstheorie, die uns Erwachsenen helfen könnte, die Gefühlslage und das Verhalten der Kinder und Jugendlichen einzuordnen. Überall müssen Eltern, Lehrer und Therapeuten das eigene Weltverständnis zurückstellen, wenn sie Zugang zu den Kindern und Jugendlichen bekommen wollen.

In letzter Zeit sind die Zukunftserwartungen der jungen Menschen stark erschüttert worden. Der technologische Fortschritt führte zur Verknappung der Arbeitsplätze und zu einer Zunahme von Konkurrenzgefühlen unter den Jugendlichen. Ihr Blick in die Zukunft ist geprägt von Skepsis und vagen Ängsten. Während die Generation der Babyboomer früh darauf aus war, die Welt zu erobern, sind viele Jugendliche heute wesentlich skeptischer. Sie bleiben länger im Elternhaus und schätzen die Geborgenheit der Familie.

Physisches Wachstum und psychologische Reifung scheinen immer weniger synchron zu verlaufen. Die hormonalen Veränderungen setzen früher ein, während das psychologische Wachstum langsamer vor sich geht. Bei vielen Jugendlichen scheint die psychologische Entwicklung außerdem gestört, sie haben Schwierigkeiten, sich einen passenden Platz in der Welt zu erobern. Für manche kommen weitere Belastungsfaktoren hinzu: das Aufwachsen in Singlehaushalten, soziale Armut, ein überlastetes Gesundheitssystem und Chaos in Schulen und Universitäten.

Häufig sind die Familien nicht in der Lage, ihren Sprösslingen rechtzeitig zu helfen, wenn diese in einer Krise stecken. Dann ist Hilfe von anderer Seite wünschenswert. Oft genügen kleine Interventionen, um Entwicklungsstörungen aufzulösen. Schon scheinbar geringfügige Veränderungen können positive Entwicklungen anstoßen.

Wir Erwachsenen haben die Aufgabe, die Teenager zu unterstützen, wenn sie die Kluft zwischen Adoleszenz und Erwachsenenalter überwinden wollen. Wir müssen dabei allerdings bereit sein, zu experimentieren und unsere Kreativität zu nutzen. Daher möchte ich Ihre Aufmerksamkeit auf die Kunsttherapie lenken, weil damit ein relativ junges und wirksames Medium bereitsteht.

Die Kunsttherapie bietet viele positive Ansätze, sowohl für die Kinder und Jugendlichen als auch für die Erwachsenen, die mit ihnen arbeiten, und sie bietet ausgezeichnete Möglichkeiten, um die Mauern zu überwinden, hinter denen sich manche enttäuschte, verstörte, traumatisierte Teenager verstecken. Die expressive Kunsttherapie hilft ihnen, sich auszudrücken und ihre Geschichte zu erzählen.

Die Jugendlichen haben ein starkes Bedürfnis, der Welt zu sagen, wie unzumutbar sie vieles in unserer Gesellschaft finden. Aber sie sind noch nicht selbstbewusst genug, um den eigenen Worten zu vertrauen. Daher fällt es ihnen oftmals leichter, schweigend durch Bilder, Graffiti oder durch Musik und Bewegung zu kommunizieren. Glücklicherweise löst sich irgendwann ihr Schweigen. Wenn wir sie nicht zum Reden zwingen, dann fangen die Betroffenen irgendwann von selbst damit an. Bilder bieten eine sichere Möglichkeit, einen Anfang zu machen.

An dieser Stelle möchte ich darauf hinweisen, dass viele Kinder und Jugendliche sich ganz spontan und automatisch grafisch ausdrücken. Im Unterricht zeichnen sie Phantasiewelten und sie schmücken die Wände von Zügen und Bahnhöfen mit Symbolen und Graffiti.

Pädagogen wie Therapeuten können von der Kunsttherapie profitieren. Sie ist leicht einsetzbar und oft wird schon nach kurzer Zeit eine Synthese zwischen verbaler und nonverbaler Kommunikation möglich.

Kinder und Jugendliche sind heute mit schwer wiegenden Problemen konfrontiert. Zu Armut, Kriminalität, Drogen, Mobbing etc. ist die Angst vor Attentaten gekommen sowie die Herausforderung durch die vielen Flüchtlinge und die Zunahme an rassistischer Gewalt. Viele Kinder und Jugendliche sind außerdem durch Drogenmissbrauch ihrer Eltern geschädigt und durch Vernachlässigung in den ersten Lebensjahren. Diese oft lernbehinderten oder hyperaktiven Kinder sind eine große Herausforderung für alle, die mit ihnen zu tun haben. Sie fühlen sich oft missverstanden und ungeliebt. Und sie haben es schwer, Vertrauen zu entwickeln und hoffnungsvoll in die Zukunft zu blicken.

Viele Therapeuten und Lehrer halten sich selbst nicht für besonders kreativ. Zu Unrecht, denn Unterricht und Therapie sind notwendigerweise kreativ und in vielen Fällen eine Kunst. Die Kunsttherapie hat das Potenzial, die Kreativität der Unterrichtenden und anderen Helfer zu beleben und gleichzeitig ihre Arbeit zu befruchten. Sie hilft, die Schwierigkeiten und Hoffnungen der Kinder und Jugendlichen erkennbar zu machen. Sie hilft ihnen, ihre Situation im wörtlichen Sinn sichtbar zu machen und gibt ihnen dadurch Gelegenheit, ihre Probleme kreativ zu lösen.

Einleitung

Kunsttherapie und Adoleszenz

Pädagogen und Therapeuten wären froh, wenn es ein Patentrezept gäbe, wie sie Kindern und Jugendlichen in ihrer Entwicklung helfen können. Es gibt ihn jedoch leider nicht, diesen einen, richtigen Weg, weil jedes Kind und jede/r Jugendliche eine einzigartige Kombination darstellt aus Schwierigkeiten und Talenten. Jede Gruppe von Kindern und Jugendlichen, jede Schulklasse reagiert anders und die Konzepte vom letzten Jahr sind heute vielleicht schon nicht mehr wirksam. Wir müssen uns also jedes Mal eine eigene Mixtur schaffen aus klassischer und postmoderner Therapie und Pädagogik. Nur so können wir Mädchen und Jungen helfen, die Stromschnellen der Teenagerjahre zu überwinden und ihre Talente und Fähigkeiten zu entfalten. Dabei müssen wir u.a. die sozialen Normen und die ökonomische und politische Entwicklung im Blick haben sowie regionale Besonderheiten, Kultur und ethnische Herkunft. Wichtig sind auch die Überzeugungen, die schon kleine Kinder in sich entwickelt haben: Tabus, Vorschriften über Rollenverhalten, über Ehre und Respekt. Außerdem hat jedes Kind sein eigenes Entwicklungstempo, physisch, intellektuell und emotional, dazu sein eigenes Profil mit Handicaps, Begabungen und Träumen.

Doch es gibt auch gemeinsame Leitmotive:

- Die Entwicklung in Kindheit und Jugendzeit ist durch ständige Veränderungen gekennzeichnet.
- Zu keiner Zeit in unserem Leben sind wir so beeinflussbar und so spontan in der Entwicklung unserer Möglichkeiten.
- Gleichzeitig gibt es keine Zeit im Leben, in der wir so stark unter dem Einfluss unserer Emotionen stehen und in der wir so sehr auf Anleitung, auf Unterstützung, auf eine helfende Hand von jemandem angewiesen sind, der uns mag und der die Welt besser kennt als wir selbst. Dieser Begleiter entscheidet zu einem großen Teil über unseren Lebenserfolg.
- Kinder, denen diese unterstützende und fordernde Liebe von großzügigen Erwachsenen fehlt, geraten leicht in Schwierigkeiten. Es ist dann oft eine Frage von Glück oder Pech, ob sie ihre besten Möglichkeiten entfalten können.

Wir unterscheiden zwei grundlegende Entwicklungsprozesse: Die Pubertät mit dem Schwergewicht auf der physischen Reifung und das psychologische Wachstum in der Adoleszenz. Über die psychologische Reifung gibt es eine klassische Untersuchung von Peter Blos aus den Sechzigerjahren: «On Adolescence». Blos hat die Reifung der Jugendlichen auf sieben verschiedenen Gebieten untersucht:

1. Das bisher eher konkrete Denken wird erweitert durch die Fähigkeit zum abstrakten Denken.
2. Schrittweise entwickeln sich Urteilskraft und logisches Denken.
3. Soziale Intelligenz, Empathie und altruistisches Verhalten nehmen zu. Die erotischen und sexuellen Gefühle werden stabiler und belastbarer.
4. Das Selbstbild und die Selbstachtung festigen sich, sodass die Jugendlichen Kritik und Stress besser aushalten können.
5. Nach und nach bilden die Jugendlichen ein Gefühl für die eigene Persönlichkeit heraus und sie eignen sich eine Vielzahl innerer und äußerer Rollen an. Gleichzeitig kommt es zu einer Revision der persönlichen Werte.
6. Die Jugendlichen freunden sich allmählich mit ihrem veränderten Körper an und werden etwas unabhängiger vom eigenen Erscheinungsbild. Das bedeutet jedoch nicht, dass körperliche Aspekte ihre Bedeutung verlieren.
7. Die Jugendlichen werden unabhängiger von äußerer Bestätigung, weil sich ihr Selbstwertgefühl mehr und mehr zum psychologischen Fundament entwickelt.

Sozialer Stress

Immer mehr Kinder und Jugendliche wachsen in Ballungsgebieten auf. Das bedeutet einen Verlust an Kontakt mit der Natur und an Lernmöglichkeiten ohne die Einwirkung von Erwachsenen. Hinzu kommt die zunehmende Armut. Jedes sechste Kind lebt in einem Haushalt unterhalb der Armutsgrenze. Diese Kinder und Jugendlichen fühlen sich oft ungerecht behandelt. Gefühle von Hilflosigkeit, Wut und Depression machen es ihnen schwer, an eine positive Zukunft für sich zu glauben. Jugendliche, die über Widerstandskraft verfügen, kämpfen gegen die Armut an und besiegen sie, während andere davon gelähmt werden. Willensschwache Jugendliche suchen Zuflucht in den künstlichen Paradiesen der Drogen, bei Gangs und im kriminellen Milieu.

Kulturelle Faktoren

Besonders in den Ballungsgebieten haben es Pädagogen, Psychologen und Sozialarbeiter mit Jungen und Mädchen aus vielen verschiedenen Kulturen zu tun. Hier gibt es keine für alle verbindlichen kulturellen Leitlinien. Als TherapeutInnen und LehrerInnen müssen wir herausfinden, welche Wertesysteme, welche Tabus, welche kulturellen Normen die uns anvertrauten Kinder und Jugendlichen haben. Das erweitert unseren Horizont, ist aber mit größeren Anstrengungen verbunden. Am besten ist es, wenn wir jedes Kind und jeden Jugendlichen als Prototyp einer eigenen Kultur betrachten, denn genau genommen sind wir alle füreinander Fremde. Nur wenn wir neugierig und risikobereit sind, können wir uns für die Begegnung mit dem anderen öffnen. Wir müssen die Kinder und Jugendlichen bitten, uns zu zeigen, wie ihre Kultur funktioniert, und uns zu korrigieren, wo wir falsch liegen.

Jede Kultur betrachtet die Adoleszenz auf ihre Weise. Ein wesentliches Thema ist in diesem Zusammenhang das der Geschlechterrollen. Die Jugendlichen unterschätzen in der Regel den Einfluss, den sie selbst auf die Kultur haben, denn sie sind es, die das Bild von den Männern und Frauen der Zukunft formen. Auch sind sie sich meist nicht im Klaren darüber, welche Rolle sie selbst spielen wollen. Wie soll sich ihrer Meinung nach ein Mann oder eine Frau verhalten? Wenn es um die Untersuchung der Geschlechterrollen geht, ist die Technik der Collage wertvoll. Die Kinder oder Jugendlichen können Bilder ausschneiden, diese mischen, miteinander kombinieren. Auf diese Weise können sie symbolisch mit Konzepten experimentieren, die sie mehr ahnen als kennen, und persönliche Wünsche und Befürchtungen ausdrücken.

Jugendliche Kreativität

In den meisten Konzepten von Pädagogik und Therapie wird der Faktor Kreativität bei der Arbeit mit Kindern und Jugendlichen vernachlässigt. Dabei zeichnen und malen die meisten Teenager gern. Sie fühlen sich in den visuellen Medien viel freier als im Gespräch mit den Erwachsenen. Wenn wir die künstlerische Kreativität und Expressivität von Kindern und Jugendlichen fördern, können wir ihnen und uns selbst daher einen großen Dienst erweisen. Wir können ihre Neugier, Phantasie und Imaginationskraft nutzen, um ihnen zu helfen, ihre Probleme zu lösen, Ziele zu entwickeln und ihre Wünsche zu erfüllen.

In der Jugend ist das Bedürfnis vorherrschend, eine eigene Persönlichkeit zu entwickeln. An diesem Projekt arbeiten die Jugendlichen ununterbrochen, ohne darüber mit den Erwachsenen zu sprechen. Die Kunsttherapie mit ihren vielfältigen Herangehensweisen bietet viele Möglichkeiten, dieses Bedürfnis zu unterstützen.

Das visuelle Bild informiert auf zwei Ebenen:

- Als Kunstprodukt zeigt es relativ offen die persönlichen Werte seines Schöpfers (z.B. Schönheit, physische Stärke, Leidenschaftlichkeit, Intelligenz, Führungskraft etc.)
- Außerdem zeigt es uns Material, das unbeabsichtigt sichtbar wird. Bilder und Formen unterlaufen leicht die kognitive Kontrolle und geben Hinweise, die dem Betreffenden selbst oft neu sind.

Mit anderen Worten: Die Bilder haben eine erkennbare, symbolische Mitteilung und eine versteckte Bedeutung.

Kinder und Jugendliche schätzen diese Art von Tätigkeit. Ein Bild zu gestalten erscheint ihnen relativ wenig bedrohlich: Da das Bild aus meiner Hand stammt, kann nur ich selbst mit Sicherheit sagen, was es bedeutet. Ich kann darüber schweigen, wenn ich das möchte. Und auch die unbeabsichtigte Mitteilung, die im Bild steckt, kann selbstverständlich privat bleiben, wenn der Betreffende das so will.

Identität

Kinder an der Schwelle zur Adoleszenz stehen oft stundenlang vor dem Spiegel. Sie möchten auf diese Weise zu der fremden Persönlichkeit Zugang finden, die sie im Spiegel erblicken. Sie konzentrieren sich dann vollständig auf sich selbst, in der Hoffnung herauszufinden, wer sie sind. Wer darin nur narzisstische Bedürfnisse sieht, der reagiert vielleicht befremdet, aber wir können den Blick in den Spiegel auch anders verstehen: als einen Schritt zum erwachsenen Ich, als einen Schritt voran.

Lange Zeit ist das Selbstgefühl vieler Kinder so fragil, dass sie sich unbedingt anpassen wollen. Sie übernehmen den Dresscode, das Vokabular, die Frisuren und den Schminkstil ihrer Clique und sie hören nur die angesagte Musik. All das sind jedoch paradoxerweise Versuche, die eigene Identität zu stärken.

Besonders wichtig ist den Jugendlichen ihr Aussehen. Das Erscheinungsbild entscheidet über Attraktivität und Prestige. Das Aussehen, aber auch die Kleidung, all das wird von der Clique geprägt, zu der ein Jugendlicher gehören möchte. Zur Peergroup dazuzugehören ist ihnen so wichtig, weil sie hier Unterstützung und Verständnis finden. Ohne ihre Gruppe fühlen sich die meisten von ihnen verloren und die Zurückweisung durch die Gruppe ist die schlimmste Katastrophe. Zugehörigkeit und Freundschaft bedeuten ihnen alles. Für einzelne Jugendliche kann es eine Überlebensfrage sein, die «richtigen» Turnschuhe tragen zu können, auch wenn diese sündhaft teuer sind.

Metaphorische Kommunikation

Wenn wir den Jugendlichen nahekommen wollen, dann müssen wir über die Metaphorik der Bilder hinausgehen und Einblick bekommen in ihre spezielle Sprache. Jugendliche benutzen ihre eigenen, individuellen Metaphern bzw. die Metaphern ihrer Peergroup. Diese Geheimsprache schützt sie vor Neugier und Kritik der Erwachsenen. Es obliegt der Kreativität des Erwachsenen, tiefer in die Welt jugendlicher Bilder einzudringen, sofern der Jugendliche das zulässt. Die meisten Jugendlichen sind mit Recht misstrauisch. Sie spüren die Gefahr, die allzu große Offenheit mit sich bringen kann. Sie brauchen ihre Geheimnisse, um sich vor der mangelnden Empathie, dem mangelnden Respekt und der Unzuverlässigkeit vieler Erwachsener zu schützen. Sie öffnen sich nur dem taktvollen Erwachsenen, der nicht zudringlich ist und den Jugendlichen akzeptiert und dabei zugibt, dass er selbst nicht alles durchschaut.

Vertraulichkeit

Vertraulichkeit ist die Basis für eine enge Zusammenarbeit. Es muss klare Spielregeln geben, wer die entstehenden Bilder sehen darf und wer nicht. Jugendliche sind außerordentlich empfindlich. Wenn sie sich betrogen fühlen, verschließen sie sich. Andererseits ist es in der Gruppe oft nützlich, wenn die Teilnehmer auch die Bilder der anderen kennenlernen. Dadurch eröffnen sich neue Blickwinkel und Interpretationsmöglichkeiten. Wichtig ist in jedem Fall, dass die Teilnehmer das Gefühl haben, die Kontrolle über ihre Werke zu behalten. Eine grundlegende Spielregel sagt: Ich kann im Bild ausdrücken, was ich will und wie ich es will. Ich kann meine Offenheit und Expressivität dosieren, aber ich habe das Recht, über mein Bild zu schweigen bzw. kann selbst entscheiden, wie viel ich darüber sagen möchte, d.h.: Jedes Kind, jeder Jugendliche hat die Interpretationshoheit über sein Produkt.

Pubertät und Adoleszenz sind komplexe Perioden in unserem Leben. Um die Betroffenen zu fördern und ihnen Schutz zu geben, ist unsere Kreativität als Erwachsene gefordert. Dafür brauchen wir Verständnis für die Welt der Kinder und Jugendlichen, für ihren besonderen Stress und für eventuell vorhandene Traumatisierungen.

Daneben brauchen wir eine positive Philosophie, die den Kindern Hoffnung gibt, dass sie die gefährliche Überfahrt von der Kindheit zum Erwachsenen schaffen können. Die positive Haltung des Erwachsenen signalisiert ihnen: Ich interessiere mich für alles, was dich belastet, genauso, wie für deine Stärken und Talente und für deine Wünsche an das Leben. Darum ist es wichtig, dass wir genau zuhören und die entstehenden Bilder genau studieren. Dabei geht es nicht in erster Linie darum, die Wahrheit zu entdecken, sondern herauszufinden, wie die Teenager sich und die Welt sehen. Damit uns das gelingt, brauchen wir mehr als Worte. Hier helfen uns die Übungen der Kunsttherapie. Der Gebrauch einfacher Arbeitsmittel und der Verzicht auf Interpretation helfen den Kindern und Jugendlichen sich mitzuteilen. Die Bildersprache berücksichtigt ihr Bedürfnis sowohl nach Kontrolle, als auch danach, sich auszudrücken, kreativ zu sein und zu experimentieren. Die kryptische Jugendsprache wird ersetzt durch die klarere Sprache der Bilder. Dabei geben die Betroffenen das Tempo vor und können auch das Thema und die Darstellungsweise vorschlagen. So finden Kinder und Jugendliche Unterstützung bei ihrem Versuch, die Welt zu erobern. Eine Welt, die voller Geheimnisse, voller Konflikte und auch voller Schönheit ist.

Schnelle Hilfe, lösungsorientiert

Jugendliche finden es in der Regel unnatürlich, in der Gegenwart von Erwachsenen über ihre persönlichen Probleme zu sprechen. Das gilt für die Therapie genauso wie für Beratung und Unterricht. Sie fühlen sich schnell bevormundet. Vonseiten des Erwachsenen ist deshalb ein hohes Maß an Taktgefühl gefordert, damit der Jugendliche sich nicht verschließt. Außerdem müssen wir die Situation gründlich durchdenken, damit die Kinder und Jugendlichen trotz ihrer Skepsis etwas Nützliches lernen können.

Bei den kunsttherapeutischen Interventionen dieses Buchs geht es zunächst um die Oberfläche des Lebens. Der Jugendliche soll Aspekte seiner Welterfahrung illustrieren und sich dabei auf die eigenen Stärken und auf das «Hier und Jetzt» konzentrieren. Dabei können durchaus visuelle und verbale Skills miteinander kombiniert werden.

Die Philosophie der schnellen Interventionen

In dieser postmodernen Theorie geht es vor allem darum, die Kinder und Jugendlichen nicht zu pathologisieren, sondern ihre Stärken zu betonen. Therapie und Beratung bauen auf Kooperation auf. Der amerikanische Psychologe O'Hanlon und sein Kollege de Shazer haben diese Vorgehensweise erklärt und verbreitet.

Hier die wesentlichen Kennzeichen dieses Modells:

- Wir verzichten darauf, die Störungen oder Schwächen der Kinder und Jugendlichen in den Vordergrund zu stellen.
- Stattdessen werden die akuten Probleme in den Fokus gerückt.
- Wir beanspruchen als Erwachsene keine Überlegenheit und keinen höheren Status als die Kinder oder Jugendlichen.
- Es geht uns in erster Linie darum, den Kindern und Jugendlichen die Überzeugung zu vermitteln, dass jeder Mensch die Stärke hat, seine Ziele im Leben zu erreichen.

Diese optimistische Grundhaltung wirkt ansteckend. Sie motiviert die Betroffenen, ihre innere Kraft, ihren Lebenswillen und ihre Widerstandskraft mithilfe der Erwachsenen zu mobilisieren.

Außerdem wird in der postmodernen Theorie Wert darauf gelegt, auch die sozioökonomische Situation der Jugendlichen zu berücksichtigen. Ihr Verhalten wird im Zusammenhang mit ihrer sozialen Situation gesehen und dadurch leichter verständlich.

Grundsätze für die kunsttherapeutischen Experimente

Als Erwachsene müssen wir bereit sein, die «Geschichte» zu akzeptieren, die das Kind oder der Jugendliche zu erzählen hat. Häufig gibt es hier erhebliche Differenzen zwischen dem Selbstverständnis der Betroffenen und dem Urteil der Erwachsenen. Deshalb ist es von großer Bedeutung, dass wir bereit sind, verschiedene Perspektiven zu tolerieren. Jede Herausforderung und jedes Problem kann aus unterschiedlichen Blickwinkeln betrachtet werden. Deshalb sollten wir nicht der Illusion erliegen, mehr zu wissen und klüger zu sein, als die Kinder und Jugendlichen. Damit würden wir diese verärgern und ihre Kooperationsbereitschaft gefährden.

Hilfreich kann es auch sein, mit den Jugendlichen über die Philosophie der kunsttherapeutischen Übungen zu sprechen und sie davon zu überzeugen, dass diese Methode ohne «Schweiß und Tränen» abläuft und dass der Erwachsene hier eher als Teamplayer auftritt denn als Besserwisser.

Fazit

1. In der Kunsttherapie geht es um Aktion und um den visuellen Ausdruck. Die Kontrolle darüber haben die Kinder und Jugendlichen. Die Art und Weise wie sie ihr «Werk» deuten, muss vom Erwachsenen respektiert und ernst genommen werden.
2. Der erwachsene Betrachter betritt die Welt des Jugendlichen, indem er sich auf die Bilder einlässt, die ihn durch ihre metaphorische Qualität auf Abstand halten. Sie deuten an und schweigen zugleich.
3. Die entstehenden Bilder können die Entwicklung der Kinder und Jugendlichen zeigen wie auch befördern.
4. Wer als LehrerIn oder TherapeutIn mit kunsttherapeutischen Methoden arbeitet, wird selbst in ihrer/seiner Kreativität gestärkt.
5. Die künstlerische Gestaltung macht Spaß und wird nicht als bedrohlich empfunden, wenn der Erwachsene nicht interpretiert. Die Atmosphäre von Spiel und Experiment schenkt der Arbeit Leichtigkeit.
6. Ein weiterer Vorteil: Das Bild ist stabil und kann später erneut betrachtet werden. Dann können möglicherweise ganz neue Aspekte darin entdeckt werden.

Die Grundsätze und Prinzipien der kunsttherapeutischen Interventionen dieses Bandes betonen Hoffnung und Gelassenheit. Sie gehen davon aus, dass Kinder und Jugendliche die Fähigkeit haben, eine Lösung für ihre Probleme zu finden. Die Technik, Schwierigkeiten zu externalisieren, ersetzt das Bestreben, Pathologien zu erkennen. Auf diese Weise können Stärken gefördert und Schwächen abgemildert werden. Entscheidend ist der Glaube daran, dass bereits kleine Veränderungen zu großen Entwicklungsschritten führen können. Kleine Siege können also große Hoffnungen inspirieren. Der Erwachsene verbündet sich mit dem Kind/dem Jugendlichen, um positive Resultate zu erzielen.

Kinder und Jugendliche haben den Wunsch, ihre persönlichen Probleme zu lösen und im Wettbewerb einen Platz an der Sonne zu finden. Eine Philosophie, die Stärken und Hoffnungen betont, wie wir sie in der positiven Psychologie finden, ist auch für uns Erwachsene hilfreich. Der Gefahr von Burnout, von Hilflosigkeit und Depression wird gegengesteuert. Stattdessen vergrößern sich unsere Chancen, in unserer Arbeit mit Kindern und Jugendlichen optimistisch zu sein. Wir arbeiten mit mehr Akzeptanz und weniger Druck.

In diesem Sinne wünsche ich Ihnen Geduld und Improvisationslust bei Ihrer Arbeit. Erfolge werden dann nicht auf sich warten lassen. Wir leben in einer Zeit rascher Veränderungen, in der nur kleine Schritte möglich sind, aber sie sind unsere ganze Hoffnung. Durch kunsttherapeutische Methoden sind wir mit einer der ältesten und wirksamsten Kräfte der Menschheit verbunden, dem expressiven Bild.

Am Anfang ist der Name

Es wird zunehmend wichtiger, dass auch die Schule dazu beiträgt, selbstbewusste und risikobereite junge Erwachsene ins Leben zu entlassen. Dazu gehört auch die Fähigkeit, Fehlschläge und Schwierigkeiten zu ertragen und gestärkt daraus hervorzugehen. Wir wünschen uns Schüler, die nicht nur hilfsbereit sind, sondern die auch Konkurrenzsituationen durchstehen können. Wir wünschen uns junge Erwachsene, die ihre Ressourcen kennen und nutzen. Eine kostbare Ressource ist der eigene Name.

Material: Zeichenpapier, Wachsmalstifte, Ölkreiden, Buntstifte

Anleitung

Hast du schon einmal darüber nachgedacht, dass dein Name dein Markenzeichen ist, mit dem du durchs Leben gehst und mit dem du sagst: Hier bin ich, ihr könnt mit mir rechnen?

1. Nimm ein Blatt Papier und ein Foto von dir oder, wenn du kein Foto zur Hand hast, zeichne ein schnelles Selbstporträt und schreibe deinen kompletten Namen darunter.
2. Zeichne ein zweites Porträt von dir und schreibe diesmal deinen «privaten» Namen darunter, mit dem dich deine Freunde oder Familienmitglieder rufen. Wenn du willst, kannst du auch einen Namen aufschreiben, den du gern hörst.

Anmerkung

Wenn die Bilder vorgestellt werden, sollen die Namen laut und deutlich genannt werden. Die ganze Gruppe wiederholt jeden Namen im Chor.

Zwei-Minuten-Bild

Schnell und entschlossen agieren zu können, ist eine wichtige Qualität. Wer bereit ist, ab und zu einen Fehler zu machen, der kann sich leichter darauf einlassen. Auch in der Kunsttherapie ist es wichtig, der eigenen Spontaneität zu vertrauen und sich von ihr überraschen zu lassen.

Material: Papier und Bleistifte

Anleitung

Nimm dir ein Blatt Papier und leg einen Bleistift bereit. Das nächste Experiment ist ganz kurz. Du sollst dich für genau zwei Minuten konzentrieren und in dieser Zeit eine Zeichnung anfertigen. Das soll kein Marathonlauf sein, sondern eher ein Hundert-Meter-Sprint. Wenn du so schnell zeichnest, dann brauchst du dir keine Sorgen darüber zu machen, wie gut dein Bild wird. Hier kommt es hauptsächlich darauf an, dass du zügig und entschlossen zeichnest.

Überlegst du jetzt schon, was du zeichnen sollst? Wenn du dir diese Frage stellst, bist du schon in der richtigen Stimmung. Gleich werde ich das Geheimnis lüften, und damit das eine echte Überraschung wird, sollst du Folgendes tun:

Bitte schließ die Augen und atme ein Mal langsam aus. (30 Sek.)

Und nun öffne die Augen wieder und zeichne das erste Objekt, das dir ins Auge fällt. (2 Min.)

Kreative Form

Beschränkungen können unsere Kreativität anstacheln. Die Einschränkung sorgt für Konzentration und provoziert unser Gehirn, eine Lösung zu finden.

Auch gehemmte und ängstliche TeilnehmerInnen werden durch solche restriktiven Vorgaben ermutigt und aktiviert.

Material: Zeichenpapier, Textmarker, Wachsmalstifte, Ölkreiden

Anleitung

Zeichne eine Skizze, in der nur Kreise, Quadrate und Dreiecke gestattet sind. Diese drei Grundformen können in verschiedenen Größen und Farben vorkommen. Sie können aus dem Umriss bestehen, sie können farbig gefüllt sein, sie können Abstand zueinander halten oder sich überlappen. Versuche mit deinem Design, das Interesse des Betrachters zu wecken. (10 Min.)

Drei Miniaturen

Es gibt ein einfaches Prinzip, um die Fähigkeit unseres Gehirns zu steigern, flexibel zu denken und flexibel zu agieren. Wir können unsere Vorstellungen über das gewohnte Maß hinaus vergrößern oder verkleinern. Dieser «mentale Zoom» zwingt das Gehirn, die Pfade des Gewohnten zu verlassen. Jeder von uns verfügt über angeborene Neugier, d.h. über die Bereitschaft, etwas Neues auszuprobieren und zu experimentieren. Dabei kann natürlich Unerwartetes geschehen. Gezügelt wird diese Probierlust durch unseren Hang, am Gewohnten festzuhalten und es zu genießen, dass das uns Vertraute erhalten bleibt. Es leistet sozusagen der Vergänglichkeit Widerstand.

Material: Zeichenpapier, Bleistifte und Fineliner

Anleitung

Hast du jemals versucht, ein Wort so klein zu schreiben, dass niemand außer dir es lesen kann? Kannst du z.B. deinen Namen in Mikroschrift schreiben? (1 Min.)

Und nun eine Zeichenaufgabe. Zeichne drei winzige Figuren oder abstrakte Formen und versuche, deine Mikrotechnik mit Präzision zu verbinden. (10 Min.)

Spaghettidesign

In dieser Übung reduzieren wir die Ausdrucksmöglichkeiten, um auf diese Weise ein besonders interessantes Kunstwerk zu schaffen.

Material: Zeichenpapier, Textmarker, Ölkreiden, Buntstifte und Lineale

Anleitung

Reduzierte Ausdrucksmöglichkeiten können unsere Phantasie auf besondere Weise beflügeln. Bitte fertige eine Skizze an, die nur aus geraden Linien besteht.

Du kannst diese Linien freihändig ziehen oder mit dem Lineal, in beliebiger Farbe, Stärke und Länge. Die Linien können sich kreuzen, aber sie sollen unbedingt gerade verlaufen.

Ist es dir möglich, trotz dieser einschränkenden Vorgabe eine Skizze zu schaffen, die das Auge des Betrachters anzieht?

Gefühl des Augenblicks

Wir alle haben das Bedürfnis, unsere Gefühle auszudrücken und sie anderen Menschen in irgendeiner Form zu zeigen. Dieser Akt sorgt für Kontakt, Verständnis, Schutz und Hilfeleistung, Liebe und Auseinandersetzung. Gefühle schaffen Bindung in Gruppen, Organisationen und Staaten.

Dabei müssen wir darauf achten, unsere Gefühle so auszudrücken, dass andere nicht geschädigt werden. Das ist die Grenze, die allerdings durchlässig und veränderbar ist. Kinder und Jugendliche müssen darüber aufgeklärt werden. Besonders der Ausdruck negativer Gefühle kann von unserem Gegenüber als belastend erlebt werden. Wir dürfen also nicht erwarten, dass die anderen in jedem Falle mit Zustimmung oder Verständnis reagieren.

Die eigenen Gefühle dosiert ausdrücken zu können, ist eine Fähigkeit, die wir brauchen, wenn wir erwachsen werden wollen.

Material: Zeichenpapier, Ölkreiden, Wachsmalstifte, Textmarker

Anleitung

Mach es dir auf deinem Platz bequem und schließ die Augen. Atme ein Mal langsam aus.

Es fällt uns nicht immer leicht, unsere Gefühle zu erkennen, weil sie sich so schnell verändern können. Wenn sie beobachtet werden, ziehen sie sich oft zurück. Manchmal sind unsere Gefühle scheu, manchmal aufdringlich. Manchmal spüren wir sie in unserem Herzen, manchmal im Kopf, manchmal an irgendeiner anderen Stelle in unserem Körper.

Die meisten von uns spüren starke Gefühle, wenn sie in einer Prüfungssituation sind oder beurteilt werden wie z.B. in der Schule. Doch hier entstehen auch andere Gefühle. Besonders nützlich sind natürlich die Gefühle, die uns Lust machen zu lernen und unsere Kreativität zu entwickeln.

Schließ bitte die Augen und versuche jetzt, irgendein Gefühl zu entdecken, das sich in dir meldet. Du kannst diesem Gefühl danken, dass es sich zeigt und ihm versprechen, dass es gleich besondere Beachtung bekommt.

Öffne nun wieder die Augen, nimm dir ein Blatt Papier und zeichne das Gefühl, das du im Augenblick bemerken kannst. (10 Min.)

Punkte

Vor gut hundert Jahren wurde in Frankreich der Pointillismus entwickelt. Das war eine neue Maltechnik, bei der ein Bild aus kleinen, regelmäßigen Farbtupfern in reinen Farben hergestellt wurde. Der Eindruck einer Fläche entstand erst im Auge des Betrachters. Viele Maler waren von dieser neuen Methode fasziniert, weil diese so neuartig war. Sie versuchte u.a., die Malerei auf wissenschaftliche Grundlagen zu stellen.

Diese Maltechnik zwingt uns, unsere Routine aufzugeben und etwas «Unnatürliches» auszuprobieren. Die dabei entstehenden Bilder sind manchmal etwas gewöhnungsbedürftig, aber wir können eine schöne Nebenwirkung feststellen: Wir erleben unsere Kreativität und das verbessert unser Selbstbewusstsein.

Material: Zeichenpapier, Buntstifte oder feine Pinsel und Acrylfarbe

Anleitung
Künstler verehren die guten Geister, die ihnen frische Ideen und den Mut zum Risiko schenken. Diese guten Geister sorgten seit alters her für Kreativität, für Schönheit und frischen Wind in der Kunst.

Fragst du dich manchmal, wie du kreativer werden kannst? Wie kannst du dafür sorgen, dass du genügend Anregungen bekommst?

Heute habe ich eine Idee für dich, die du vermutlich noch nicht ausprobiert hast. Schaffe ein Bild, das ganz ohne Linien auskommt und das nur aus kleinen, millimetergroßen Punkten besteht. Du kannst alle möglichen Farben benutzen und die Punkte auf jede beliebige Weise anordnen. Versuche das Bild so zu entwickeln, dass es irgendetwas Interessantes zeigt, ein Gefühl, eine Qualität, eine Idee, eine Person oder ein Objekt. Du kannst alles machen, es gibt nur eine Regel: Dein Bild besteht aus Punkten. (15 Min.)

Teamwork

Zu den entscheidenden sozialen Skills gehört die Bereitschaft, sich auf andere Menschen, auf ihre Eigenarten, Stärken und Schwächen einzustellen. Wenn wir akzeptieren können, was andere geleistet haben, wenn wir daran anknüpfen können, dann haben wir etwas Wichtiges geschafft. Das wird uns nur gelingen, wenn wir die Leistung anderer Menschen selbst dann wertschätzen können, wenn sie uns ungewohnt und fremdartig erscheint.

Material: Zeichenpapier, Textmarker, Ölkreiden, Wachsmalstifte

Anleitung

Komm mit einem Partner zusammen und unterhalte dich für zwei Minuten mit ihm.

Nimm nun ein Blatt Papier und einen Stift deiner Wahl und zeichne den Anfang eines Bildes. (2 Min.)

Nun tausche das angefangene Bild mit dem Partner und beende das fremde Bild auf irgendeine Weise, die dir in den Sinn kommt. (10 Min.)

Anmerkung

Hier sind folgende Fragen interessant: Wie viel Respekt habe ich für das Fragment des Partners aufgebracht? Wie viel konnte ich von seiner Schöpfung übernehmen und integrieren? Wie gut gelingt es mir, die Leistungen anderer zu schätzen und mit ihnen zu kooperieren?

Ein Geheimnis

Leider lernen wir früh, Fehler nach Möglichkeit zu vermeiden. Auf diese Weise entsteht eine negative Motivation. Wir versuchen, alles richtig zu machen und kontrollieren uns dabei so stark, dass wir wenig Kraft übrig behalten für gute Ideen und originelle Lösungen. Wir sind erfolgreicher, wenn wir es uns erlauben, Fehler zu machen, weil wir dann schöpferischer sind.

Bedeutende Maler hinterlassen meist auch große Mengen mittelmäßiger Arbeiten, Übungsmaterial, dessen Aufgabe darin bestand, die Hand zu lockern und Ideen auszuprobieren. Auch Schüler sollten den Mut entwickeln, sich auszuprobieren und Fehler zu machen.

Erinnern wir uns an Edison, den Erfinder der Glühbirne, der über tausend Modelle entwickelte, die nicht funktionierten. Nach einer langen Zeit der Fehlschläge und Fehler gelang es ihm schließlich, die erste Glühbirne zu konstruieren, die ihren Zweck erfüllte.

Material: Zeichenpapier, Wachsmalstifte, Ölkreiden, Textmarker, Buntstifte

Anleitung

Male irgendetwas, was dich interessiert und was dir ein gutes Gefühl gibt, ein menschliches Gesicht, ein Tier, ein Haus, ein Baum, ein Bett, ein Stuhl, ein Auto, ein Kleidungsstück, ein Schmuckstück…

Geh so vor, dass du beim Zeichnen einige grobe Fehler begehst. Du kannst diese Fehler bewusst in dein Bild einbauen, du kannst aber auch zulassen, dass sie sich von selbst einstellen. Achte auf deine Gefühle, wenn du dir beim Zeichnen ab und zu sagst: Fehler sind erlaubt… Fehler sind erlaubt… (10 Min.)

Finde zum Abschluss einen Titel für deine Skizze.

Wer ist es?

Kunsttherapeutische Aktivitäten haben einen wichtigen Vorteil: Sie regen alle Beteiligten an, genauer hinzusehen, sich zu konzentrieren und die Bedeutung eines Bildes zu erfassen. Verbale Information behandeln wir anders, viel unaufmerksamer oder in der irrigen Annahme, dass wir die Information richtig verstanden haben. Handgemalte Bilder dagegen veranlassen uns, intelligenter hinzusehen. Dinge, die wir in diesem langsamen Prozess lernen, haften sehr viel besser und sie werden besser gelernt.

Material: Zeichenpapier, Wachsmalstifte, Ölkreiden, Textmarker, Buntstifte

Anleitung

Finde irgendein Tier oder eine Pflanze, ein Werkzeug oder ein Kleidungsstück, das ein gutes Symbol abgibt für deine Persönlichkeit. Natürlich kann auf diese Weise nicht dein vollständiges Wesen erfasst werden. Du sollst dieses Symbol auf ein Stück Papier zeichnen. (5-10 Min.)

Jetzt werde ich die Papiere einsammeln und mit der Bildseite nach unten auf einen Tisch legen. Jeder kann sich dann eines der verdeckt liegenden Symbole herausfischen.

Anschließend können wir alle im Raum herumwandern und versuchen, die Person zu finden, die das Bild gezeichnet hat. Dabei gilt eine wichtige Spielregel: Jede Frage oder jeder Versuch der Identifizierung muss mit einer Begründung verbunden werden, also etwa so: «Kann es sein, dass du diesen Hammer gezeichnet hast? Du kommst mir sehr entschlossen vor und durchsetzungsfähig. Ich könnte mir vorstellen, dass dir deshalb der Hammer eingefallen ist…»

Zum Schluss setzen wir uns in einem Kreis zusammen und jeder stellt die Person vor, dessen Bild er aufgedeckt hat.

Jeder ist kreativ

In unseren Schulen schlummern kostbare Reserven an Kreativität. Es ist wichtig, dass wir diese Quelle der Innovation beachten und zur Revitalisierung unserer Gesellschaft nutzbar machen. Für Schüler ist es entscheidend, was sie über sich selbst denken. Insgeheim halten sich die meisten von ihnen nicht für kreativ. Kein Wunder, dass sie dann Motivationslücken haben, Schwierigkeiten beim Lernen, wenig Biss beim Problemlösen. Etwas Ähnliches gilt für die Erwachsenen, die in der Schule beschäftigt sind. Viele von ihnen haben Schwierigkeiten, Professionalität mit Kreativität zu verbinden.

Material: Farbiges Papier, weißes oder farbiges Trägerpapier, Klebstoff (keine Scheren)

Anleitung

Gleich hast du Gelegenheit, aus einem Rohstoff ein Kunstobjekt zu schaffen.

Du sollst gleich von den Papieren Stücke abreißen und aus den Abrissen ein Muster aufkleben. Du bist völlig frei in deiner künstlerischen Gestaltung und du kannst entscheiden, ob du etwas schaffen willst, was der Betrachter wiedererkennt oder ob du nur ein Gefühl beim Betrachter anstoßen möchtest, sodass dieser spontan sagt: «Oh, wie schön...», «Oh, wie merkwürdig...», «Das ist ja unheimlich...» (10 Min.)

Welches sind deine Träume?

Träume spielen bedauerlicherweise eine viel zu geringe Rolle in unserer Kultur. Obgleich jeder von uns träumt, schweigen die meisten über ihre Träume und auch in der Schule wird dieses Thema kaum berührt. Auf diese Weise verlieren wir eine wichtige Quelle der Inspiration. Unsere ignorierten Träume schwächen uns, ohne dass wir es merken.

Material: Zeichenpapier, Buntstifte, Ölkreiden, Wachsmalstifte, Filzschreiber

Anleitung

Zeichne ein Bild von einem Traum, den du in letzter Zeit gehabt hast. Das kann ein nächtlicher Traum gewesen sein oder auch ein Tagtraum.

In unseren Träumen beschäftigt sich unser Geist mit Themen, die am Tag zu kurz kommen. Er macht uns Vorschläge, worauf wir achten sollen, was vielleicht möglich ist, wovor wir uns hüten sollen, was unser Leben vielleicht schöner und interessanter machen kann. Träume können ein Hilfsmittel sein, um mit den Hindernissen des Lebens fertig zu werden. Aber sie können uns auch als Kompass dienen, damit wir den richtigen Weg finden.

Male also ein Bild eines deiner Träume und lass dich überraschen, wie deine Erinnerung funktioniert. Am Anfang wirst du dir vielleicht sagen: «Ich kann mich gar nicht erinnern...» Aber beim Zeichnen kommt die Erinnerung zurück. Vergeude keine Zeit mit dem Versuch, deinen Traum zu interpretieren. Konzentriere dich ganz darauf, dein Blatt mit diesen kostbaren Bildern der Erinnerung zu füllen. Genieße die wunderbare Fähigkeit, dich an Dinge zu erinnern, von denen du geglaubt hast, dass sie schon verloren sind. (15 Min.)

Anmerkung

Die dargestellten Träume sollten nicht interpretiert werden. Es ist völlig ausreichend, wenn die Teilnehmer über ihre Gefühle und Überlegungen beim Zeichnen sprechen und über ihre Gedanken und Emotionen zu dem fertigen Bild.

Mein «Warenzeichen»

Unsere Persönlichkeit ist ein Geheimnis. Niemand ist in der Lage, die eigene oder eine fremde Persönlichkeit vollkommen zu erfassen. Alle Versuche bleiben unvollständig, unscharf oder sogar irreführend. Manchmal erfassen wir trotzdem etwas Wesentliches und dann können wir schon sehr zufrieden sein. Immer schon gab es Versuche, Persönlichkeiten zu kategorisieren, aber diese Bemühungen schaden eher, als dass sie nützen. Sie geben eine Scheinsicherheit. Ganz anders die Kunst. Sie kann uns helfen, uns selbst besser zu verstehen, ohne dabei Vorurteile zu produzieren.

Material: Zeichenpapier, Buntstifte, Ölkreiden, Wachsmalstifte, Filzschreiber

Anleitung

Wenn wir uns verlieben, dann sind wir nicht in der Lage, die Persönlichkeit der geliebten Person korrekt zu beschreiben. Auch unsere eigene Person mit Worten zu beschreiben ist keine leichte Aufgabe. Leichter ist es, eine andere Person oder uns selbst in einem Symbol zu erfassen.

Bitte erfinde jetzt eine Art Warenzeichen oder Produktsymbol für dich, das gut zu dir passt und anderen Hinweise auf deine Persönlichkeit gibt. Stell dir vor, dass dieses Symbol auf deiner Homepage erscheint oder an die Wand deines Zimmers gehängt wird.

Versuche dein Bild so zu gestalten, dass es ohne Schrift auskommt und vom Betrachter aufmerksam zur Kenntnis genommen wird. Versuche eine ehrliche und faire «Produktinformation» über dich zu geben. (10 Min.)

Der Gruppenleiter kann die Bilder einsammeln und sie der Gruppe einzeln zeigen. Die Teilnehmer sollen raten, wessen «Warenzeichen» gerade gezeigt wird.

Farbige Symbole

Farben sind ein Ausdrucksmittel, das unsere Gefühle ebenso anspricht wie unser Denken. Im Laufe der Zeit entwickeln wir auch ein Empfinden dafür, welche Farben zu unserer Persönlichkeit passen. Oft bevorzugen wir bei unserer Kleidung solche Farben, die unsere Ausstrahlung unterstreichen. Oder wenn wir zu den Exzentrikern gehören, genießen wir die Kontraste.

Material: Zeichenpapier, Buntstifte, Ölkreiden, Wachsmalstifte, Filzschreiber

Anleitung

Auf die Frage: «Wer bin ich?» gibt es unendlich viele verschiedene Antworten. Bei dieser Zeichenübung hast du die Möglichkeit, eine kompakte und verschlüsselte Antwort zu geben. Du hast fünf verschiedene grafische Symbole zur Auswahl:

- ein Quadrat,
- ein Dreieck,
- einen Kreis,
- ein Parallelogramm,
- eine Schlangenlinie.

Suche dir von diesen Symbolen drei aus, die eine symbolische Antwort auf die Frage geben: «Wer bin ich?»

Zeichne diese Symbole möglichst groß auf ein Blatt Papier und gib jedem Symbol eine passende Farbe. Bitte deine Kreativität um Unterstützung. (5-10 Min.)

Der Gruppenleiter sammelt die Bilder ein und zeigt sie eines nach dem anderen. Jedes Mal spekuliert die Gruppe darüber, wer das Bild gemalt hat. Den Teilnehmern steht es frei, anonym zu bleiben oder sich zu erkennen zu geben.

Satzzeichen mit Figur

Es ist nicht so einfach, kunsttherapeutische Aufgaben zu erfinden, die den Teilnehmern ein Lächeln auf die Lippen zaubern. Ich glaube, hier habe ich so etwas geschaffen.

Material: Zeichenpapier, Wachsmalstifte, Ölkreiden, Buntstifte, Filzschreiber

Anleitung

Wir beginnen mit einem kleinen Ausflug in die Wortkunst. Satzzeichen sollen dem Leser helfen, einen Text und die darin ausgedrückten Gefühle besser zu verstehen. Folgende Satzzeichen gibt es u.a.:

- Komma,
- Anführungszeichen,
- drei Punkte,
- Punkt am Satzende,
- Ausrufezeichen,
- Fragezeichen,
- Doppelpunkt,
- Gedankenstrich.

Wähle eines dieser acht Satzzeichen aus und zeichne es überdimensional groß auf dein Blatt Papier. Wähle das Satzzeichen, das zu der Stimmung passt, mit der du heute den Tag begonnen hast. Und gib diesem Satzzeichen nun einen Gefährten. Zeichne irgendeine Figur, die dazu passt. Lass dich überraschen, auf welche Gedanken dich diese Zeichenaufgabe bringt.

Zahl mit Nachbarschaft

Viele Menschen haben so etwas wie eine persönliche Glückszahl, mit der sie Hinweise auf kommende Ereignisse ableiten. Allen Zahlen gemeinsam ist unser Versuch, Ordnung in das Chaos des Lebens zu bringen und mehr Kontrolle über das eigene Schicksal zu erlangen. Umso größer ist unsere Enttäuschung, wenn dieses Vorhaben mehr Probleme erzeugt als Erleichterung.

Material: Zeichenpapier, Buntstifte, Filzschreiber, Ölkreide, Wachsmalstifte

Anleitung

Finde irgendeine Zahl zwischen eins und hundert, die eine Bedeutung für dich und dein Leben hat. Vielleicht erinnert dich die Zahl an irgendetwas? Vielleicht hat sie etwas mit deinen Zielen zu tun? Vielleicht ist es deine Glückszahl oder eine Unglückszahl? Bitte zeichne diese Zahl unübersehbar groß und gib ihr eine passende Umgebung. Nur du allein weißt, welche Gefühle und Gedanken diese Zahl bei dir hervorruft. (10 Min.)

Initialen mit Verzierung

Jeder von uns sollte mit gutem Gefühl durchs Leben gehen, seine Tage genießen und Hindernissen mit Hoffung begegnen und der Erwartung, einen guten Weg zu finden. Eine solche Haltung fällt nicht vom Himmel, sondern wir müssen dafür sorgen, dass wir häufiger die guten Dinge im Leben sehen und uns weniger von den Risiken und Gefahren hypnotisieren lassen.

So können wir z.B. unseren Namen benutzen, um für ein kleines positives Gefühl zu sorgen. Wir können z.B. auf unsere Initialen schauen und dabei einen Ton der Bewunderung abgeben, etwa ein lang gezogenes «Ahh» oder «Ohh»... Wir sollten das ohne jede Begründung uns selbst gegenüber tun, weil wir sonst leicht auf Einwände stoßen, die uns der Hang zur Selbstkritik ins Ohr flüstert.

Material: Zeichenpapier, Buntstifte, Ölkreide, Wachsmalstifte, Filzschreiber. Auch Gold sollte zur Verfügung stehen, ein goldener Gelstift, Goldfolie o.Ä.

Anleitung

Bitte zeichne die beiden Initialen deines Namens, also den ersten Buchstaben von Vor- und Nachnamen in passender Größe auf ein Blatt Papier. Gib beiden Buchstaben dann eine Umgebung, die ihrer Bedeutung gerecht wird.

Denk daran, dass dein Name etwas Kostbares ist, das dich immer begleiten wird. Dein Name ist ein Geschenk, das deine Eltern oder das Schicksal für dich ausgesucht haben. In ihm liegt mehr Positives, als wir uns erträumen: Die besten Absichten der Generation vor uns und ihr Lebenswille. Außerdem bedeutet unser Name ein deutliches Ja zum Leben und zu unserer Möglichkeit, glücklich zu werden.

Du kannst dich überraschen lassen, was dir alles einfällt, wenn du deine Initialen zu einem Bild verarbeitest. (15 Min.)

Urteil der Gefühle

Was wir mögen und was wir ablehnen, darüber entscheiden vor allem unsere Gefühle. Darum ist in vielen Fällen unser «Bauchgefühl» die beste Basis für eine sinnvolle Entscheidung. Kinder und Jugendliche sollen lernen, dass sie auf ihre Gefühle hören dürfen und dass Skepsis angebracht ist, wenn externe Autoritäten ihnen das eigene Urteil ausreden wollen.

Material: Zeichenpapier, Buntstifte, Ölkreide, Wachsmalstifte, Filzschreiber

Anleitung

Nimm ein Blatt Papier und falte es ein Mal quer. Zeichne in die eine Hälfte etwas, was du magst und in die andere Hälfte etwas, was du ablehnst. Und wenn dein Bild fertig ist, dann finde einen passenden Titel für deine Schöpfung.

Popstar

Oftmals begeistern sich Kinder und Jugendliche für irgendeinen der Popstars, die in den Medien präsentiert werden. Die Attraktivität der Popstars hat viele Gründe. Die Kinder und Jugendlichen erkennen,

- dass es möglich ist, beruflich eine gewisse Meisterschaft zu entwickeln,
- dass man sich trotz schwieriger Anfänge durchsetzen kann,
- dass Selbstvertrauen und Selbstsicherheit im Leben schrittweise erworben werden können,
- dass es lohnt, sich auf die eigenen Stärken zu konzentrieren.

Material: Zeichenpapier, Buntstifte, Ölkreide, Wachsmalstifte, Filzschreiber

Anleitung

Nimm dir ein Blatt Papier und skizziere mindestens zehn Popstars oder andere berühmte Personen, die dir einfallen, aus allen Bereichen, Musik, Film, Politik oder Wissenschaft. Dabei kommt es auf die Menge an und auf Vielfalt und weniger auf fotografische Genauigkeit. (5 Min.)

Entscheide dich nun für einen einzelnen Prominenten, der dich inspiriert, den du magst, der dir gute Gefühle gibt, der dich anregt und dich auf gute Gedanken bringt. Skizziere diese Person sorgfältig und liebevoll. Vielleicht auch mit Respekt, denn dieser Mensch schafft es, einen kleinen Beitrag zu deinem persönlichen Optimismus zu leisten.

Hässlich

Nur, wer das Hässliche kennt, kann das Schöne schätzen. Besonders wichtig ist die Einsicht, dass auch wir selbst immer wieder von negativen und hässlichen Gefühlen und Gedanken heimgesucht werden. Bis zu einem gewissen Grade brauchen wir diese negativen Gefühle, um uns abzugrenzen, um kreativ zu sein, um Widerstand zu leisten, um für unsere Rechte einzutreten. Eine Welt, in der alles Hässliche verboten ist, wäre ein Albtraum.

Material: Zeichenpapier, Buntstifte, Ölkreide, Wachsmalstifte, Filzschreiber

Anleitung

Bei dieser Malaufgabe musst du deine Erinnerung zu Rate ziehen. Manchmal denkst du an etwas, was du für hässlich hältst, was du ablehnst, was du scheußlich findest. Das ist die eine Seite. Aber es gibt noch etwas, was genauso wichtig ist: Manchmal sind unsere eigenen Gedanken und Wünsche hässlich. Manchmal wünschen wir einem anderen Menschen ein Unglück. Manchmal möchten wir jemanden umbringen.

Das braucht dich nicht zu beunruhigen, weil du weißt, dass du zwischen Gedanken und Taten unterscheiden kannst. Du solltest nicht die Illusion entwickeln, dass du ein Engel bist, der durch und durch positiv wäre. Du hast jetzt zehn Minuten Zeit, dich auf etwas Hässliches zu konzentrieren, was du irgendwann einmal gedacht hat. Fang dann an, es zu zeichnen. (10 Min.)

Der Eingang zur Schule

Das Schultor ist ein Eingang, der bei den meisten von uns besondere Gefühle hervorruft. Bei vielen sind es gemischte Gefühle, bei manchem Gefühle der Panik und bei einigen Wohlbefinden und Hoffnung. Das Schultor ist ein symbolischer Ort, der unsere Erwartungen entscheidend prägt.

Material: Zeichenpapier, Buntstifte, Ölkreide, Wachsmalstifte, Filzschreiber

Anleitung
Diese Malaufgabe wird dir zunächst wenig anregend vorkommen, aber ich verspreche dir, dass du mit jeder Minute mehr spannende Dinge daran entdecken wirst.

Male den Eingang deiner Schule und zeichne eine Figur dazu. Das kann ein Erwachsener sein, ein Lehrer, dein Vater oder deine Mutter, die die Schule betreten wollen. Es kann aber auch irgendein Schüler sein, ein Mädchen oder ein Junge, die zum Unterricht erscheinen. Du bist häufig durch diesen Eingang gekommen und gegangen und jedes Mal mit besonderen Gefühlen. Jetzt kannst du deine Erinnerung an das Schulportal aufrufen und es möglichst akkurat zeichnen. Stelle dann irgendein lebendes Wesen davor und warte ab, welche Inspiration diese Aufgabe mit sich bringt. (10 Min.)

Der Blick aus dem Fenster

In Deutschland geht niemand freiwillig zur Schule, denn hier gibt es eine allgemeine Schulpflicht. Bei vielen Schülern finden wir ein unterschwelliges Gefühl von Zwang, das sich störend auf die Lernbereitschaft auswirken kann. Der Blick aus dem Fenster ist daher oft auch der Sehnsuchtsblick in die Freiheit.

Material: Zeichenpapier, Buntstifte, Ölkreide, Wachsmalstifte, Filzschreiber

Anleitung
Bei dieser Malaufgabe brauchst du dein Gedächtnis nicht anzustrengen. Du kannst deine Informationen ganz frisch gewinnen. Zeichne den Blick aus dem Fenster des Klassenzimmers. Worauf achtest du dabei? Was gewinnst du aus diesem Ausblick? (10 Min.)

Vertrauen

Lernen und Vertrauen sind Geschwister. Wenn ich etwas lerne, begebe ich mich gefühlsmäßig auf fremdes Terrain. In manchen Fällen muss ich etwas aufgeben, woran ich vorher geglaubt habe. Insofern geht Lernen auch mit Unsicherheit einher. Darum brauche ich Menschen, denen ich vertrauen kann, deren Präsenz meine Unsicherheit erträglich macht. Es kommt noch hinzu, dass Lernen nicht Wissen impliziert. Vertrauen gibt mir die Bereitschaft, meine eigene Unwissenheit mit Bescheidenheit und Demut hinzunehmen.

Material: Zeichenpapier, Buntstifte, Wachsmalstifte, Ölkreide, Filzschreiber

Anleitung

Am meisten lernen wir in den ersten Lebensjahren von unseren Eltern. Es ist kein Zufall, dass sie für die meisten von uns die Menschen sind, denen wir am meisten vertrauen. Wir glauben daran, dass sie es gut mit uns meinen und dass sie sich freuen, wenn wir wachsen und klüger werden. Später werden andere Menschen als Partner unseres Vertrauens wichtig. Die Erwachsenen in Kindergarten oder Grundschule und die anderen Kinder, die wir dort treffen. Und so geht es immer weiter.

Nimm dir ein Blatt Papier und zeichne das Bild von irgendeinem Menschen in deiner Schule, dem du vertraust. (10 Min.)

Nun nimm dir noch ein zweites Blatt und zeichne das Bild von einer Person aus der Schule, vor der du Angst hast. (10 Min.)

Das Handy

Dieses elektronische Gerät hat für die meisten Kinder und Jugendlichen eine hohe Bedeutung. Während wir uns in den letzten zehntausend Jahren an die Erfindung des Schreibens und Lesens gewöhnen konnten, gibt es für die Benutzung des Handys extrem wenig belastbare Erfahrungen. Dieses Terrain ist mit vielen Unsicherheiten befrachtet.

Material: Zeichenpapier, Buntstifte, Ölkreide, Wachsmalstifte, Filzschreiber

Anleitung
Male aus dem Gedächtnis dein Handy und skizziere auf deinem Blatt drei Mal das Display. Hier ist der Platz, wo du deine drei wichtigsten Gesprächspartner darstellen kannst. (10 Min.)

Die Schule anmalen

Dieses Bild ist ein emotionales Statement zur Schule. Wir benutzen eine einzelne Farbe, um ein komplexes Gefühl auszudrücken.

Material Zeichenpapier, Buntstifte, Ölkreide, Wachsmalstifte, Filzschreiber

Anleitung

Nimm dir ein Blatt Papier und zeichne ein Bild deiner Schule. Stell dir bitte dabei vor, dass du auf diesem Bild deine Schule anmalen darfst, die ganze Schule mit derselben Farbe. Für welche Farbe entscheidest du dich?

Und dann zeichne irgendeine Person vor der Schule. Zeichne sie so, dass der Betrachter versteht, was die Person dort zu suchen hat. (10 Min.)

Ein Logo für die Schule

Schüler haben in der Regel gemischte Gefühle für ihre Schule. An einigen Tagen kommen sie gern zur Schule, freuen sich auf Mitschüler und vielleicht sogar Lehrer und sind neugierig, was sie Neues lernen können. An anderen Tagen kommen die Schüler mit einer Null-Bock-Stimmung zur Schule. Sie finden alles öde und manche hassen die Schule sogar. Diese Ambivalenz ist ganz natürlich. Viele Schüler werden ihr Verhältnis zur Schule als etwas positiver empfinden, wenn sie ihre gemischten Gefühle in Ruhe untersuchen dürfen.

Material: Zeichenpapier, Buntstifte, Ölkreide, Wachsmalstifte, Filzschreiber

Anleitung

Erfinde ein Logo für deine Schule. Mach dir bewusst, dass du in deiner Schule an den Fundamenten arbeitest, auf denen du dein Leben aufbauen willst.

Ich vermute, dass es dir so geht wie den meisten Schülern und Lehrern. Einiges gefällt ihnen an der Schule, aber es gibt manches, was sie kritisieren. Versuche in deinem Logo Stärken und Schwächen deiner Schule möglichst gerecht zum Ausdruck zu bringen. Stell dir vor, dass dein Logo vielleicht über dem Eingang der Schule angebracht wird oder dass es auf dem Briefpapier, den Zeugnissen und der Internetseite erscheint. Gestalte dein Logo so, dass der Betrachter neugierig wird, welche Art Schule sich hinter dem Logo verbirgt. (15 Min.)

Anmerkung

Im Anschluss an diese Aufgabe könnte die folgende Variation stehen: Gestalte ein Logo für die ideale Schule.

Gestresste Schüler – gestresste Lehrer

An vielen Schulen fehlt oft die ruhige Atmosphäre, die die Voraussetzung für intensives Lernen ist. Lehrer und Schüler gehen häufig an die Grenze ihrer Energiereserven und die individuellen Bedürfnisse des Einzelnen werden zu wenig berücksichtigt. Dabei entstehen immer wieder Situationen, in denen eine positive Intervention am Platze wäre.

Material: Zeichenpapier, Buntstifte, Ölkreide, Wachsmalstifte, Filzschreiber

Anleitung

Nimm dir drei Blätter Zeichenpapier und wende dich einer schwierigen Frage zu: Wie steht es an deiner Schule mit Stress, Unruhe und Enttäuschung? Beantworte diese Frage durch drei Bilder.

Beginne mit dem Bild eines gestressten Schülers. Zeige an seiner Körperhaltung, dass dieser Mensch sich belastet fühlt.

Auf dem zweiten Bild sollst du einen gestressten Lehrer zeigen und ebenfalls andeuten, was zum Stress dieser Person beiträgt. (15 Min.)

Finde zum Schluss ein Symbol für den Schulstress, das für alle Beteiligten Gültigkeit haben könnte und zeichne es auf das dritte Blatt. (5 Min.)

Glücklicher Schüler – glücklicher Lehrer

Produktives Lernen findet dann statt, wenn alle am Lernprozess Beteiligten eine positive Grundstimmung ausstrahlen, die sagt: Ich bin glücklich... Ich blicke hoffnungsvoll in die Zukunft... Ich genieße diesen Augenblick...

An einigen Schulen wird dieses Thema aufgegriffen und es wäre zu hoffen, dass auch Schulbehörden und Politiker die Bedeutung dieses Gefühls erkennen. Schulen und Universitäten könnten sehr viel besser arbeiten, wenn dort immer wieder die Frage gestellt würde: Trägt das Lernen zum Glück aller Beteiligten bei?

Material: Zeichenpapier, Buntstifte, Ölkreiden, Wachsmalstifte, Filzschreiber

Anleitung

Male auf dein Bild ein großes Kleeblatt mit vier Blättern. Dieses Symbol soll jeden Betrachter daran erinnern, wie wichtig die Frage nach dem Glück ist.

Zeichne nun einen Menschen neben dieses Symbol, einen glücklichen Schüler oder einen glücklichen Lehrer. Wähle eine Person aus, die dir im Schulalltag glücklich erscheint. (10-15 Min.)

Wenn du dein Bild fertig gezeichnet hast, dann kannst du deiner Person Gelegenheit geben, zum Betrachter zu sprechen. Was würde sie auf die Frage antworten: «Was macht dich in diesem Augenblick glücklich?» Notiere die Antwort in einer Sprechblase.

Freude

Häufig schenken wir den guten Dingen im Leben nicht genug Beachtung. Wir empfinden vielleicht eine gewisse Freude oder Zufriedenheit, aber der mögliche Genuss bleibt aus, weil unser Bewusstsein einen anderen Fokus hat und sich mit irgendwelchen Problemen beschäftigt: Eine bewusst erlebte Freude ist eine doppelte Freude. Sie hilft uns, uns zu entspannen und eine positive Stimmung zu entwickeln.

Freude ist auch für das Lernen eine gute Voraussetzung. Wer sich freut, der muss sich nicht schützen und kann seine Kräfte z.B. auf das Lernen konzentrieren.

Material: Zeichenpapier, Buntstifte, Ölkreiden, Wachsmalstifte, Filzschreiber

Anleitung

Mach es dir auf deinem Platz bequem und atme ein Mal langsam aus.

Finde irgendetwas, was dir am heutigen Tag Freude gemacht hat. Vielleicht fällt dir eine große Freude ein, vielleicht handelte es sich eher um eine jener kleinen Freuden, die wir alle so leicht übersehen.

Zeichne ein Bild dazu. Du kannst das Gefühl zeigen oder du kannst die Situation zeigen, in der dir diese positive Empfindung geschenkt wurde. (10 Min.)

Ein Lächeln

Wir haben die Angewohnheit, eher auf negative Eindrücke zu achten und positive Erlebnisse nur flüchtig zu registrieren. Diese Tendenz ist nicht geeignet, um eine optimistische und tatkräftige Haltung zu pflegen. Darum ist es sinnvoll, hier gegenzusteuern und immer wieder ganz bewusst positive Situationen und Ereignisse ins Zentrum des Bewusstseins zu rücken. Das gilt in besonderem Maße für alle Lernsituationen.

Material: Zeichenpapier, Buntstifte, Ölkreiden, Wachsmalstifte, Filzschreiber

Anleitung

Mach es dir auf deinem Platz bequem und atme ein Mal langsam aus.

Versuche dich an eine Situation zu erinnern, in der du spontan gelächelt hast,

- weil du positiv überrascht warst,
- weil du ein Gefühl der Sympathie empfunden hast,
- weil du etwas lustig fandest,
- weil du dich beachtet gefühlt hast usw.

Zeichne das, was dein Lächeln geweckt hat und wenn du Lust hast, dann kannst du auch einen lächelnden Mund in deinem Bild unterbringen. (10 Min.)

Das Tattoo

Mit einem Tattoo schmücken wir uns und schaffen uns ein persönliches Glückssymbol, das uns schützen und inspirieren soll. Oft hat das Tattoo auch die Aufgabe, eine Liebesbeziehung zu vertiefen. Fast immer betont das Tattoo einen Aspekt unserer Persönlichkeit, einen Wert, etwas, woran wir glauben. Die Entscheidung für ein Tattoo erfordert darum sorgfältiges Nachdenken.

Wir benutzen eine kurze Imagination, um die Phantasie in Schwung zu bringen.

Material: Zeichenpapier, Buntstifte, Ölkreiden, Wachsmalstifte, Filzschreiber

Anleitung

Mach es dir auf deinem Platz bequem und schließ die Augen. Atme ein Mal langsam aus.

Stell dir vor, dass du am Morgen erwachst. Nach einer Nacht, in der du genügend und erfrischenden Schlaf gefunden hast.

Zu deiner großen Verwunderung entdeckst du etwas, was es gestern noch nicht gab: Du trägst ein Tattoo und weißt nicht, wie es auf deine Haut gekommen ist.

An welcher Stelle deines Körpers sitzt das Tattoo und was zeigt es?

Merk dir dieses Bild gut und öffne nun in deinem persönlichen Rhythmus die Augen.

Nimm dir ein Blatt Papier und zeichne das Tattoo. Es ist nicht nötig, dass du das Bild interpretierst. Betrachte es als ein Geschenk deiner persönlichen Kreativität. (10 Min.)

Bild der Schlüssel

Unsere Schlüssel sind über ihren technischen Nutzen hinaus wertvoll. Sie ermöglichen uns den Zugang zu unserem Zuhause, zu unserer persönlichen Sphäre der Geborgenheit, zum Ort der Familie. Schlüssel müssen gehütet werden, sie dürfen nicht in die falschen Hände gelangen. In gewisser Weise sind sie auch ein Ausdruck unserer Persönlichkeit. Oft behandeln wir unsere Schlüssel so, wie wir uns selbst behandeln.

Material: Zeichenpapier, Buntstifte, Ölkreiden, Wachsmalstifte, Filzschreiber

Anleitung

Zeichne die Schlüssel, die du täglich mit dir herumträgst. Achte bitte darauf, dass jeder Schlüssel in seiner Besonderheit gut erkennbar ist. Stell dir beim Zeichnen vor, dass deine Schlüssel plötzlich sprechen können. Vielleicht sagen sie nur ein Wort, vielleicht haben sie mehr zu sagen. Was teilen sie dir mit?

Wenn du die Botschaft der Schlüssel vernommen hast, dann füge sie deinem Bild hinzu, symbolisch oder konkret. In diesem Falle darfst du auch Text verwenden. (15 Min.)

Protest!

Überall erheben die Menschen ihre Stimme, um zu protestieren, um ihr Missfallen auszudrücken, um Missstände anzuprangern. Zu den traditionellen Möglichkeiten der Artikulation gibt es die digitale Stimme, mit der wir in den sozialen Netzwerken viele Menschen weltweit erreichen können. Protestierend können sich Schwächere gegen Stärkere wehren und für ihre Interessen kämpfen. Darum ist es sinnvoll, dass vor allem Jugendliche lernen, ihren Protest auszudrücken.

Zur Anregung sollten Sie ein paar Cartoons und/oder Karikaturen mitbringen, in denen ein solcher Protest ausgedrückt wird.

Material: Zeichenpapier, Buntstifte, Ölkreiden, Wachsmalstifte, Filzschreiber; außerdem Cartoons, Karikaturen und Abbildungen von politischen Plakaten

Anleitung

Schon kleine Kinder haben ein gutes Empfinden für Gerechtigkeit. Wenn sie eine Ungerechtigkeit oder ein Unrecht erleben oder mit ansehen, dann drücken sie ihr Missfallen aus. Und wenn sie mutig sind, setzen sie sich für eines der wichtigsten Prinzipien ein, nämlich für die Gerechtigkeit.

Es gibt viele Situationen im Leben, in denen wir protestieren, wenn uns etwas stört und gegen den Strich geht. Wir verteidigen dann unsere Freiheit und das Recht des Einzelnen, das zu bekommen, was er braucht.

Denk jetzt darüber nach, was dich persönlich stört oder was die Angehörigen deiner Altersgruppe ärgert. Was findest du nicht in Ordnung? Zeichne dein Missfallen und finde einen Weg, deine Gefühle deutlich auszudrücken. Vielleicht möchtest du dir Anregung holen bei Karikaturen, Cartoons oder politischen Plakaten. (15 Min.)

Schönheit

Schönheit ist bereits für Kinder und Jugendliche ein wichtiges Thema. Jeder weiß, dass Schönheit wichtig ist und dass sie sich nicht nur durch einen schönen Körper ausdrückt. Schönheit drückt sich auch in der Art unseres Auftretens, in unserem sozialen Charisma, in unserer persönlichen Kreativität aus.

Wer von anderen als hässlich oder als abstoßend empfunden wird, der wird leicht zum Sündenbock oder zum Mobbing-Opfer. Zum Erwachsenwerden gehört es, einen persönlichen Stil und ein reflektiertes Verhältnis zur Ästhetik des eigenen Auftretens zu entwickeln.

Ein weiterer Aspekt von Schönheit ist die Schönheit in Natur und Kunst. Die Fähigkeit, Schönheit wahrzunehmen, muss überwiegend gelernt werden und ist darum ein wichtiges Thema für die Schule.

Material: Zeichenpapier, Buntstifte, Ölkreide, Wachsmalstifte, Filzschreiber

Anleitung

Was findest du schön, edel, cool, atemberaubend, betörend, faszinierend, bezaubernd?… Was verschlägt dir die Sprache?… Was betest du an?… Was kann dich dazu bewegen, dich zu verneigen oder auf die Knie zu gehen?…

Zeichne das Objekt deiner Verehrung und bemerke beim Zeichnen, wie sich deine Gefühle dabei entwickeln. (10 Min.)

Und nun stell dir vor, dass dein Zeichenstift plötzlich sprechen kann und einen Wortkommentar hervorbringt. Notiere die Worte deines Zeichenstiftes unten auf der Seite.

Schmetterlinge

Wir müssen dafür sorgen, dass die Natur in die Schule kommt. Dazu können wir mit Symbolen arbeiten. Zu den starken Symbolen gehört der Schmetterling, weil er Verwandlung und Entwicklung symbolisiert. Und Schule sollte ein Ort der permanenten Verwandlung sein.

Material: Zeichenpapier, Buntstifte, Ölkreiden, Wachsmalstifte, Filzschreiber

Anleitung

Stell dir vor, dass wir an der Schule den Tag des Schmetterlings feiern wollen. Weil der Schmetterling ein gutes Symbol der Verwandlung ist, der Leichtigkeit und der Schönheit. Am Tag des Schmetterlings soll die Schule an vielen Stellen mit Papierschmetterlingen geschmückt werden. Male einen Schmetterling, den du für ein solches Vorhaben stiften möchtest. Bestimme Größe und Aussehen und wenn du willst, kannst du ihm auch einen zoologischen Namen geben. (10 Min.)

Kinohelden

Um erwachsen zu werden, brauchen wir Vorbilder. Wir finden sie in der Literatur und auch im Film. Hier entdecken wir, welche Persönlichkeiten sich für uns als Modell eignen, welche Charakterstärken für uns attraktiv sind, welche Aktionen und Lebensziele Anregungen für uns beinhalten. Diese Vorbilder sind wichtig. Sie helfen uns, Selbstbewusstsein zu entwickeln und sie dienen uns als Übergangsobjekte bei der Entwicklung unserer Identität.

Material: Zeichenpapier, Buntstifte, Ölkreiden, Wachsmalstifte, Filzschreiber

Anleitung

Welche Kinohelden findest du attraktiv, überzeugend, anregend? Welche Figuren bewunderst du – die Kommissare, die Gangster, die Abenteurer, die Entdecker, die Sportler oder die Künstler? Hast du von einem deiner Helden oder Heldinnen geträumt, dich in sie verliebt? Findest du sie auch erotisch anziehend?

Zeichne eine/n dieser FilmheldInnen, die/der dich fasziniert und zeichne sie/ihn in einer Umgebung, in der du sie/ihn am liebsten siehst. (15 Min.)

Das Dunkle im Hellen

Nicht immer reizen uns die perfekten, strahlenden Helden. Manchmal sind es auch die Abgründe unseres Helden, die uns in einem Buch oder in einem Film faszinieren. Und manchmal finden wir es besonders reizvoll, wenn wir in einem scheinbar miesen Charakter etwas Liebenswertes entdecken können. Solche Helden trösten uns darüber, dass auch wir einen Schatten haben, unsere Schwächen und hässlichen Seiten.

Material Zeichenpapier, Buntstifte, Ölkreiden, Wachsmalstifte, Filzschreiber

Anleitung

Zeichne irgendeine Persönlichkeit. Du bist ganz frei, diese Person als Mensch oder als Tier darzustellen. Und zeichne dann den Schatten dieser Person, der die verborgene Seite dieses Menschen zum Ausdruck bringt, ihre Verletztheit, ihre Wut, ihre Aggressivität, ihre Bereitschaft zu Verrat und Betrug. (10 Min.)

Wenn du mit deinem Bild fertig bist, finde einen geeigneten Titel dafür.

Einsamkeit

Auch die vielen neuen elektronischen Kommunikationsmöglichkeiten haben die Einsamkeit der Menschen nicht beenden können. Häufig gibt es keine Antwort auf eine Nachricht und auf dem Handy erreichen wir nur die Mailbox. Wir bleiben mit unserem Kontaktwunsch allein und können nur darüber spekulieren, warum wir keine Antwort bekommen. Vermutlich zeigt sich darin keine Ablehnung unserer Person, sondern nur Müdigkeit, Zerstreutheit, Überlastung oder Bequemlichkeit des Angesprochenen. Es bleibt also die Frage: Was kann ein Mensch tun, der sich einsam fühlt?

Material Zeichenpapier, Buntstifte, Ölkreiden, Wachsmalstifte, Filzschreiber

Anleitung
Zeichne ein Bild mit dem Titel «Einsamkeit». Vielleicht willst du dir dabei folgende Fragen vorlegen:

- Wer ist einsam?
- Wie wird man einsam?
- Wie fühlt sich Einsamkeit an?
- Welche Mittel gibt es gegen Einsamkeit?
- Welche persönlichen Erfahrungen habe ich mit Einsamkeit gemacht?
- Welches Bild habe ich von den Menschen im Allgemeinen? Sind sie eher einsam oder eher gesellig?
- Was geschieht, wenn viele Menschen einer Gruppe sich zunehmend isoliert und einsam fühlen? (10 Min.)

Die Hand

Oft missbrauchen wir unsere Hände und setzen sie gedankenlos ein. Am schlimmsten ist es, wenn wir sie gegen uns selbst richten, indem wir z.B. ununterbrochen essen oder wenn wir andere mit unseren Händen angreifen, bedrohen oder quälen. Wer seine Hände respektiert und liebt, wird damit kaum etwas Schädliches tun.

Material: Zeichenpapier, Buntstifte, Ölkreiden, Wachsmalstifte, Filzschreiber

Anleitung
Nimm dir zwei Bögen Papier und zeichne deine beiden Hände. Achte darauf, wie sich deine Hände dabei fühlen. Hält die eine Hand sich für überlegen? Hat diese Hand besondere Rechte? Was machst du mit deiner nicht dominanten Hand? Bist du stolz auf deine Hände? Pflegst du deine Hände?

Wenn du beide Hände gezeichnet hast, dann kannst du versuchen, sie zum Sprechen zu bringen. Notiere bei jedem Bild, was diese Hand zu sagen hat, wenn sie gefragt wird. Achte darauf, ob du irgendetwas hörst, was dich überrascht. (15 Min.)

Top Five

Jeder besitzt einige Objekte, die für ihn von besonderer emotionaler Bedeutung sind und von denen er sich nach Möglichkeit nicht trennen will. Wir erfreuen uns an ihnen und sie geben uns einen gewissen Halt. Darum hüten wir diese Dinge und achten darauf, dass sie nicht in falsche Hände geraten.

Material: Zeichenpapier, Buntstifte, Ölkreiden, Wachsmalstifte, Filzschreiber

Anleitung

Welches sind die fünf wichtigsten und liebsten Dinge, die du besitzt? Ich hätte dich auffordern können, diese Dinge hierher mitzubringen. Das habe ich nicht getan, denn du hast sie ja in deinem Bewusstsein. Auf diese Weise hast du immer Kontakt zu ihnen und kannst sie in deine Pläne einbeziehen.

Wahrscheinlich empfindest du so etwas wie Respekt für diese fünf Objekte. Diesen Respekt kannst du jetzt ausdrücken, indem du sie in einem Bild darstellst. Und während du zeichnest, beobachte bitte deine Gefühle. Wie entwickeln sie sich, wenn du von einem Objekt zum nächsten weitergehst?

Aussortieren

Von Zeit zu Zeit müssen wir uns von Dingen trennen, die wir nicht länger brauchen. Nur so können wir Ordnung halten und die Übersicht über alles Wichtige. Auch Kinder und Jugendliche können im Leben viel Energie sparen, wenn sie sich rechtzeitig von überflüssigen Kleidungsstücken, Spielzeug, Schulsachen, Büchern usw. trennen.

Für die meisten von uns ist diese Tugend des Aussortierens nicht ganz leicht zu erlernen. Viele von uns haben ein Bedürfnis, Reserven für künftige schwierige Zeiten anzulegen.

Material: Zeichenpapier, Buntstifte, Ölkreide, Wachsmalstifte, Filzschreiber

Anleitung

Zeichne ein paar Dinge aus deinem Besitz, die du überhaupt nicht mehr benutzt, die überflüssig oder inzwischen sogar eine Belastung für dich geworden sind. Wahrscheinlich gibt es positive Erinnerungen, die dich mit diesen Stücken verbinden. Vielleicht hast du von Zeit zu Zeit schon gedacht, dass du manches gar nicht mehr brauchst und dass dir vieles davon sogar lästig ist. Manchmal fällt es uns leichter, uns von Dingen zu trennen, wenn wir sie verschenken oder spenden können. In jedem Fall ist eine Regel wichtig: Wenn wir etwas aussortieren, dann sollten wir uns bei dem Gegenstand bedanken, dass er so lange für uns da war und uns treu gedient hat.

Zeichne also ein paar Dinge, von denen du dich vielleicht trennen willst und erinnere dich an die guten Gefühle, die sie dir einmal gegeben haben. (15 Min.)

Lehrer

Lehrer werden manchmal geliebt, manchmal gefürchtet und sehr oft verachtet. Die Schüler wünschen sich starke und sensible Lehrer, denen sie vertrauen können und die sich als Vorbild eignen. Wenn die Lehrer dann noch Humor haben und kreativ sind, gewinnen sie die Herzen der Schüler. Solche positiven Lehrerpersönlichkeiten bleiben uns ein Leben lang im Gedächtnis. Sie geben uns Hoffnung, dass auch wir selbst irgendwann gute Lehrer werden können für unsere Kinder, Schüler und Kollegen.

Material: Zeichenpapier, Buntstifte, Ölkreide, Wachsmalstifte, Filzschreiber

Anleitung

Zeichne das Bild einer Lehrerin oder eines Lehrers aus der Grundschule. Erinnere dich an ihren oder seinen Namen. Erinnere dich an ihr/sein Aussehen. Wie groß war sie/er? Wie war sie/er gekleidet? Erinnere dich an einen Lehrer, den du gemocht hast oder an einen, dem du lieber aus dem Weg gegangen bist.

Zeige dann in deinem Bild eine Lehrerpersönlichkeit, bei der du dich wohlgefühlt hast. (10 Min.)

Bewunderung

Zum Lernen gehört die Fähigkeit, andere zu bewundern. Wenn ich jemanden bewundere, erkenne ich seine Stärken und Talente und wünsche mir, ähnliche Qualitäten in mir selbst zu entwickeln. Die bewunderten Personen dienen mir als Vorbild und motivieren mich, auch schwierige Dinge zu lernen und einen langen Atem zu entwickeln. In einer Klasse sollte es immer einige Schüler geben, die diese Rolle übernehmen können, und dasselbe gilt für die Lehrer. Darum sind Schulen wünschenswert, in denen ein dynamisches Klima herrscht, mit Raum für Bewunderung und mit einer gewissen Dosis Wettbewerb.

Material: Zeichenpapier, Buntstifte, Ölkreide, Wachsmalstifte, Filzschreiber

Anleitung
Zeichne einen großen Kreis auf dein Blatt und in den Kreis das Porträt einer Schülerin/eines Schülers, die/den du bewunderst. Am Rand des Kreises kannst du die Dinge nennen, die du besonders gut und vorbildlich an ihr/an ihm findest und die du vielleicht auch selbst entwickeln möchtest. (10 Min.)

Was verstehen Eltern nicht?

Kinder möchten in erster Linie verstanden werden. Zustimmung oder Kritik ist dann zweitrangig. Solange Kinder sich verstanden fühlen, gibt es eine emotionale Brücke zu den Erwachsenen, zu Eltern und Lehrern. Vielen Eltern fällt es nicht leicht, ihren Kindern zu zeigen, dass sie sie verstehen. Dann entsteht leicht ein Klima der Unsicherheit und wechselseitigen Vorwürfe und es kommt zu Verletzungen auf beiden Seiten.

Für die Kinder ist es wichtig, dass sie über ihre Gefühle, Wünsche und Abneigungen unaufgeregt sprechen können und dass die Erwachsenen aufmerksam und verständnisvoll zuhören.

Material: Zeichenpapier, Buntstifte, Ölkreide, Wachsmalstifte, Filzschreiber

Anleitung

Nimm ein Blatt Papier und falte es ein Mal in der Mitte. Male nun zwei Bilder. In der einen Hälfte zeigst du, was deine Eltern gut machen und in der anderen Hälfte das, was sie nicht verstehen.

Vielleicht willst du lieber nicht an deine eigenen Eltern denken, dann kannst du an irgendwelche Eltern denken, die du kennst oder von denen du gehört hast. (15 Min.)

Willensstärke

Willensstärke ist entscheidend für den Schulerfolg. In jedem Lernprozess tauchen Schwierigkeiten und Hindernisse auf und manche Fertigkeiten kann man sich nur durch ständiges Üben aneignen. Wenn der Lernprozess sich über einen weiten Zeitraum erstreckt, dann ist Entschlossenheit und Willensstärke unerlässlich. Sie gibt uns den Elan, das Lernziel im Auge zu behalten, uns durchzubeißen und daran zu glauben, dass wir es schaffen können. Schädlich ist der Mythos von der angeborenen Begabung. In den meisten Fällen entwickelt sich die Begabung durch unsere Begeisterung für das Ziel und unsere Willenskraft. Darum ist es so wichtig, dass Kinder und Jugendliche die Bedeutung von Willensstärke erkennen. Meines Erachtens wird diese Charakterstärke zu selten gewürdigt.

Material: Zeichenpapier, Buntstifte, Ölkreide, Wachsmalstifte, Filzschreiber

Anleitung

Denk an alle Personen, für die du aufrichtigen Respekt empfindest, die du achtest und bewunderst. Wahrscheinlich verfügen diese Persönlichkeiten über ganz unterschiedliche Qualitäten, die dir wichtig erscheinen. (1 Min.)

Und nun finde eine Person, die sich vor allem durch Willensstärke auszeichnet, die unbeirrbar an einem Ziel festhält, das vielleicht schwer zu erreichen ist, die sich von Hindernissen nicht abschrecken lässt. Jemand, der in der Lage ist, seine ganze Energie zu mobilisieren, um ein Ziel zu erreichen. Wenn du in deiner Erinnerung eine solche Person gefunden hast, dann zeichne sie und stell sie in eine Umgebung, die irgendwie typisch für sie ist. (10 Min.)

Und nun gib deinem Bild einen Titel. (2 Min.)

Im letzten Schritt sollst du ein symbolisches Bild der Willensstärke zeichnen. Finde irgendetwas, das diese charakterliche Qualität zeigt und ausstrahlt. (5 Min.)

Probleme in der Klasse

In jeder Gruppe treten Spannungen auf. Rivalität, gegenseitige Verletzungen, Enttäuschungen, Zurückweisung und Kritik sorgen für negative Gefühle. Das ist unvermeidbar, genauso wie Versöhnung, Entschuldigung und Friedensschlüsse.

Wenn Kinder lernen, Konflikte als natürliche Ereignisse zu betrachten, dann fällt es ihnen leichter, anderen die Hand zur Versöhnung zu reichen und auf Groll zu verzichten. Solche Konfliktkompetenz erspart ihnen auch später im Berufsleben viel Stress.

Material: Zeichenpapier, Buntstifte, Ölkreide, Wachsmalstifte, Filzschreiber

Anleitung

Erinnere dich daran, wie es dir in dieser Klasse ergangen ist. Wahrscheinlich kannst du auf gute Zeiten zurückblicken, wo alles für dich gut und friedlich ablief, aber dir werden auch Situationen einfallen, wo du in der Klasse Probleme hattest. Zeichne eine solche Situation, wo du in der Klasse eine schwierige Situation erlebt hast – Spannungen, Mobbing, eine Beleidigung, eine Zurückweisung, eine Anschuldigung oder etwas Ähnliches. (10 Min.)

Nachts

Manchmal fallen uns die Schwierigkeiten des Lebens dann ein, wenn wir eigentlich einschlafen möchten. Oder sie wecken uns auf, mitten in der Nacht. Es ist natürlich viel besser, wenn wir den Tag positiv beenden, mit Hoffnung für den kommenden Tag und einem Gefühl der Dankbarkeit.

Was machen wir mit unerledigten Schwierigkeiten? Oft hilft es, wenn wir sie in Ruhe zur Kenntnis nehmen und uns vornehmen, dass wir uns darum zu gegebener Zeit kümmern werden. Eine besonders gute Möglichkeit zur Beruhigung besteht darin, das zu zeichnen, was uns quält und wachhält.

Material: Zeichenpapier, Buntstifte, Ölkreide, Wachsmalstifte, Filzschreiber

Anleitung

Wahrscheinlich kennst du das: Abends oder nachts kommen dir Gedanken und Bilder, die dich wach halten und am Einschlafen hindern. Du denkst dann an Probleme, an Dinge, die dir Angst machen, die dich ärgern, an negative Erlebnisse und unerfüllte Wünsche. Manchmal erscheinen uns unsere Sorgen auch in Albträumen.

Wenn wir vor solchen negativen Gedanken und Bildern weglaufen, dann verfolgen sie uns weiter. Es ist viel besser, wenn wir diese unangenehmen Gefühle beachten und begrüßen. Schließlich ist es die Aufgabe solcher «Unruhebilder», uns aufzufordern, dass wir irgendetwas anders machen.

Lass dir zehn Minuten Zeit und male ein Bild von den Dingen, die dich manchmal abends oder nachts am Schlafen hindern. (10 Min.)

Die Farben des Lebens

Wer sein Leben als bunt empfindet, der besitzt vermutlich noch Reserven an Vitalität. Bedenklicher wird es, wenn jemandem sein Leben grau erscheint. Das ist ein deutliches Warnzeichen und ein Hinweis auf eine depressive Stimmung. Darum eignet sich diese Übung auch zur Selbstdiagnostik. Sie kann die Frage anregen: Wie kann ich mehr Farbe in mein Leben bringen? Farbigkeit bedeutet u.a. Tatkraft, Hoffnung, Optimismus, Widerstandskraft, Kreativität – alles Qualitäten, die unserem Leben Schwung geben können.

Material: Zeichenpapier, Ölkreiden, Wachsmalstifte

Anleitung

Wie bunt ist dcin Leben? Zeige die Farben deines Lebens, indem du ein abstraktes Bild malst, ohne Symbole oder Bilder aus der Wirklichkeit. Benutze nur Farben und Formen und bringe dadurch zum Ausdruck, wie bunt dein Leben ist:

- Wie oft erlebst du Überraschungen?
- Wie oft bist du neugierig?
- Wie oft erlebst du Abenteuer?
- Wie oft lernst du etwas Neues?
- Wie oft triffst du interessante Menschen?
- Wie oft musst du improvisieren?
- Wie häufig kommst du an neue Orte?
- Hast du Träume für dein Leben?
- Fühlst du dich dem Leben gewachsen?
- Kannst du deine Gefühle und Gedanken frei ausdrücken?
- Was gehört deiner Meinung nach sonst noch zu einem bunten Leben? (15 Min.)

Reparaturen

Im Leben gibt es immer wieder Situationen, in denen wir Dinge reparieren und Probleme lösen müssen, für die wir entweder selbst verantwortlich sind oder die von anderen stammen. Das Reparieren ist manchmal schwieriger als das Neuerfinden, es erfordert Geduld, Mut und Phantasie. Ein Leben ohne Reparaturen ist nicht möglich. Die Natur ist in dieser Hinsicht unser Vorbild. Sie zerstört, repariert jedoch auch die angerichteten Schäden. Sie ist erfindungsreich und unerschütterlich in ihrem Bestreben, das Leben voranzutreiben.

Reparaturkompetenz ist daher ein wichtiger Skill, der von der Schule gelehrt werden sollte.

Material: Zeichenpapier, Buntstifte, Ölkreide, Wachsmalstifte, Filzschreiber

Anleitung

Was hast du in deinem Leben repariert, sodass du am Ende stolz sagen konntest: Ich habe es geschafft, ich habe den Schaden behoben, ich habe dafür gesorgt, dass etwas Wertvolles weiterhin seine Aufgabe erfüllen konnte.

Atme drei Mal langsam aus und lass dir verschiedene Beispiele einfallen, wo du etwas repariert, gerettet, erneuert, wieder heil gemacht hast.

Es ist naheliegend, dass dir Objekte aus der Alltagswelt einfallen, aber du kannst auch an unsichtbare Dinge denken, die manchmal ebenfalls repariert werden müssen. (10 Min.)

Glücklich

Glück gehört zur Familie der positiven Emotionen und spielt eine bedeutende Rolle für unser Wohlbefinden und unsere Gesundheit. Auch der Gedanke an früher erlebtes Glück kann uns helfen, besser mit Frustrationen und Enttäuschung zurechtzukommen.

Niemand kann ununterbrochen glücklich sein. Aber jeder hat das Recht, dafür zu sorgen, dass es immer wieder glückliche Augenblicke in seinem Leben gibt. Es ist bedauerlich, dass in den Curricula unserer Schulen der Begriff Glück nicht vorkommt. Mit Sicherheit würde leichter und intensiver gelernt, wenn das Glück von Lehrern und Schülern ein fest verankertes Lernziel wäre.

Material: Zeichenpapier, Buntstifte, Ölkreide, Wachsmalstifte, Filzschreiber

Anleitung

Bitte geh in deine Erinnerung und vertraue dabei auf dein Gedächtnis für Gefühle. Was fällt dir ein, wenn ich dich frage: Was war der glücklichste Augenblick in deinem Leben? Zeichne ein Bild, das dieses positive Erlebnis zum Ausdruck bringt. (10 Min.)

Das Urteil der Gefühle

Auch unsere negativen Gefühle wollen beachtet werden. Ihre Aufgabe ist es, uns zu warnen, zu schützen und zum Nachdenken zu bringen. Leider behandeln wir sie oft stiefmütterlich. Wir verdrängen und eliminieren sie. Es ist daher wünschenswert, schon früh zu lernen,

- negative Gefühle wahrzunehmen,
- ihre Botschaft zu dechiffrieren,
- sie nicht als Aufforderung zu blindem Aktionismus zu verstehen.

Material: Zeichenpapier, Buntstifte, Ölkreide, Wachsmalstifte, Filzschreiber

Anleitung

Zeichne einen Menschen, den du verachtest. Das kann ein Gleichaltriger sein oder ein Erwachsener, jemand, den du persönlich kennst oder von dem du nur indirekt etwas weißt. (10 Min.)

Lass dir nun drei Minuten Zeit, um dein Gefühl der Verachtung zu untersuchen. Was missfällt dir an der Person am meisten? Sind es Eigenschaften, die dir an dir selbst missfallen? Sind es Eigenschaften eines anderen Menschen, von dem du irgendwann einmal verletzt wurdest?

Unscharf

Manchmal haben wir das Gefühl, dass wir einen anderen Menschen nur unscharf sehen. Wir sind nicht in der Lage, uns ein zusammenhängendes, psychologisches Bild von der Person zu machen. Sie kommt uns rätselhaft vor, ihre Motive und Absichten liegen für uns im Dunkeln. Darum wissen wir nicht so recht, wie wir uns dieser Person gegenüber verhalten sollen.

Manchmal erleben wir uns auch selbst als rätselhaft und unscharf. Oder wir hören von anderen: Ich kann dich nicht verstehen. Warum hast du das getan? Du bist mir ein Rätsel, ich weiß zu wenig über dich.

Material: Zeichenpapier, Buntstifte, Ölkreide, Wachsmalstifte, Filzschreiber

Anleitung
Welchen Menschen siehst du unscharf? Bei welchem Menschen verstehst du nicht, was ihn antreibt, was er möchte oder was seine Beziehung zur Welt geprägt hat?

Zeichne ein Bild dieser Person und versuche dabei, die Unschärfe deines Blicks zum Ausdruck zu bringen. (10 Min.)

Rot

Rot gehört zu den Farben, die unsere Aufmerksamkeit augenblicklich auf sich ziehen. Es ist die Farbe des Sonnenaufgangs bzw. -untergangs. Es ist die Farbe des Feuers und die Farbe des Blutes. Oft enthält Rot eine Warnung oder es ist die Farbe der Verlockung. Wie wenige andere Farben provoziert Rot unsere Gefühle. In vielen Kulturen ist Rot die Farbe der Priester und der Könige. Rot ist geeignet, ein breites Spektrum an Erlebnissen und Emotionen zu mobilisieren. Rot aktiviert unsere Erinnerung, unsere Phantasie und den Wunsch, unsere Gefühle auszudrücken.

Material: Zeichenpapier, Buntstifte, Ölkreide, Wachsmalstifte, Filzschreiber

Anleitung

Male ein rotes Bild. Benutze deine Erinnerung an die Farbe Rot, um die Dinge zu zeigen, die dir bei dem Wort Rot einfallen. Achte darauf, wie sich deine Gefühle verändern, wenn du deine Erinnerung zu Papier bringst. (10 Min.)

Mutter

Die Frauen in unserer Familie spielen in unserem Leben eine besondere Rolle. Sie prägen uns auf eine Weise, die uns oft rätselhaft bleibt. Sie sind in der Lage, unsere intensivsten Gefühle hervorzurufen. Sie spielen eine bedeutende Rolle, wenn wir versuchen, uns im Leben zu orientieren. Sie sind Vorbild und Warnung zugleich. Oft ist es die Großmutter, eine Tante oder ein anderes weibliches Mitglied der Familie, die für unser Leben entscheidend war. Häufig wird uns nicht bewusst, wie viel wir diesen Figuren verdanken. Unser Wunsch nach Unabhängigkeit führt leicht zu einer ungewollten Undankbarkeit.

Material: Zeichenpapier, Buntstifte, Ölkreide, Wachsmalstifte, Filzschreiber

Anleitung

Geh in deine Erinnerung und entdecke ein Bild deiner Mutter, deiner Großmutter oder einer anderen weiblichen Verwandten. Lass dieses Bild, das sich zuerst einstellt, einen Augenblick auf dich wirken und bringe es dann zu Papier. Versuche das Bild möglichst genau zu zeichnen, mit allen Einzelheiten, die dir eingefallen sind. Beobachte deine Gefühle, während du dein Bild zeichnest. Vielleicht bist du ein wenig stolz, dass du dich an diese Aufgabe herantraust. (10 Min.)

Das Fahrrad

Das Fahrrad ist für Kinder ein Symbol der Unabhängigkeit und der Selbstständigkeit. Wenn wir es schaffen, ohne Hilfe und ohne Stützräder zu fahren, dann empfinden wir Stolz und Stärke. Die erste, selbstständige Fahrt lässt uns hoffen, dass wir auch andere Herausforderungen im Leben meistern können.

Material: Zeichenpapier, Buntstifte, Ölkreide, Wachsmalstifte, Filzschreiber

Anleitung

Geh in dein Gedächtnis und finde eine Erinnerung, die mit dem Radfahren verbunden ist. Vielleicht der Augenblick, wo du ein Fahrrad geschenkt bekamst, vielleicht dein erster Versuch, selbstständig zu fahren oder die erste längere Fahrt. Vielleicht fällt dir auch ein Fahrradabenteuer ein oder ein Sturz. Sieh das Fahrrad vor dir und die Situation und arbeite so genau wie möglich. (10 Min.)

Fotoalbum

Unsere aktuelle Situation entscheidet darüber, welche Erinnerungen in uns aufsteigen. Umgekehrt können uns unsere Erinnerungen Aufschluss geben über unsere augenblickliche Befindlichkeit.

Diese Malaufgabe ist vollständig offen und gibt den Teilnehmern völlig freie Hand.

Material: Zeichenpapier, Buntstifte, Ölkreide, Wachsmalstifte, Filzschreiber

Anleitung

Stell dir vor, dass du zu Hause einen Stapel mit Fotoalben findest. Du nimmst dir eines der Fotoalben und verspürst den Wunsch, darin zu blättern.

Du setzt dich bequem hin und blätterst Seite für Seite um. Ein Foto zieht deine Aufmerksamkeit magisch an. Ohne darüber nachzudenken, sollst du dieses Bild jetzt zeichnen und darüber staunen, wie wunderbar deine Erinnerung funktioniert. (10 Min.)

Ein Mentor

Mentoren spielen im Leben von Jugendlichen eine wichtige Rolle. Sie ergänzen die Erziehungsarbeit der Eltern, indem sie ihren Schützlingen zur Seite stehen, ihnen Mut machen und bei besonderen Schwierigkeiten behilflich sind. Der Mentor gibt den Jugendlichen das beruhigende Gefühl, nicht allein zu sein. So fühlen sie sich sicherer. Der Mentor hilft den Jugendlichen, sich zu erden und ihre Situation aus einem neuen Blickwinkel zu betrachten. Diese veränderte Perspektive ist oft entscheidend und stärkt die geistige Selbstständigkeit von Jugendlichen.

Material: Zeichenpapier, Buntstifte, Ölkreide, Wachsmalstifte, Filzschreiber

Anleitung

Wer war ein guter Mentor/eine gute Mentorin für dich? Von wem hast du etwas Entscheidendes lernen können? Wer hat an dich geglaubt und erkennen können, was in dir steckt? Solche Persönlichkeiten kann es in der Schule geben, sehr häufig aber auch außerhalb der Schule. Wir können ihnen nicht genug danken. Sie helfen uns, das Beste in uns zu mobilisieren. Wir haben verschiedene Namen für sie: Berater, Trainer, Coach, Mentor, Bundesgenosse.

Nimm dir ein Blatt Papier und zeige uns das durch ein Bild: Wer war dieser Mensch, welches Charisma ging von ihm aus, dass er dir so wirksam helfen konnte? (10 Min.)

Genuss

Wichtige Ziele erreichen wir am besten durch fokussierte Aufmerksamkeit, durch Willensstärke und konzentrierte Anstrengung. Wenn wir dabei erfolgreich sind, dann genießen wir unsere Fähigkeit, etwas zu schaffen. Allerdings dürfen wir nicht vergessen, uns zwischendurch zu belohnen und für die Anstrengung zu entschädigen. Wir müssen dafür sorgen, dass wir nach einer Arbeitsperiode eine Pause machen und das Leben genießen können, denn Genuss entspannt, hilft uns bei der Regeneration und stärkt unseren Optimismus. Ein abschreckendes Bild ist der Workaholic, der die eigenen Regenerationsbedürfnisse unterschätzt und am Ende leer und ausgebrannt ist.

Material: Zeichenpapier, Buntstifte, Ölkreide, Wachsmalstifte, Filzschreiber

Anleitung

Manchmal spüren wir, dass wir ein gewisses Bedürfnis haben, uns zu verwöhnen, z.B. wenn wir eine Zeit lang hart trainiert oder hart gearbeitet haben. Wenn wir unsere geistigen und körperlichen Kräfte erschöpft haben, dann brauchen wir nicht nur eine Erholungspause, sondern wir brauchen einen echten Genuss.

Auf welche Weise könntest du dich selbst verwöhnen und dir etwas geben, was du genießt und wozu du dir selten die Zeit nimmst?

Zeige in einem Bild, was dir dieses Erlebnis von Genuss und Freude geben kann. (10 Min.)

Die Erleuchtung

Immer wieder tauchen im Leben Fragen auf, die wir nicht leicht und vor allem nicht sofort beantworten können. Solche Fragen beschäftigen uns oft über einen längeren Zeitraum. In Abständen tauchen sie in unserem Bewusstsein auf und manchmal beschäftigen sie uns noch im Prozess des Einschlafens oder in nächtlichen Träumen. Wenn wir Glück haben, dann haben wir irgendwann eine Eingebung, eine Antwort, eine Erleuchtung. Sehr häufig kommt es uns so vor, als ob plötzlich ein Licht die Situation erleuchtet und unsere Frage klärt. Dann glauben wir:

- Ich habe das Problem gelöst...
- Ich bin einen großen Schritt weitergekommen...
- Ich kenne nun die Richtung, in die ich gehen muss...
- Die Lösung meines Problems besteht darin, dass...

Solche plötzlichen Erkenntnisse stärken unseren Optimismus und den Glauben daran, dass Geduld sich auszahlt, denn wir können diese Offenbarungen nicht willentlich herbeiführen. Besonders wichtig ist jedoch, dass wir daran glauben, dass derartige Erkenntnisse immer wieder möglich sind, sodass wir auf sie hoffen können. Diese positive Erwartung erhöht die Wahrscheinlichkeit, dass uns solche wertvollen Einsichten geschenkt werden.

Material: Zeichenpapier, Buntstifte, Ölkreide, Wachsmalstifte, Filzschreiber

Anleitung

Zeige in einem Bild die Situation und den Zeitpunkt, als du eine plötzliche Einsicht hattest, eine Erkenntnis, eine Antwort auf eine wichtige Frage:

- Wo warst du gerade?
- War jemand bei dir?
- Geschah irgendetwas Besonderes?
- Was hast du plötzlich verstanden?
- Wie hast du dich dabei gefühlt?
- Wem bist du für dieses positive Erlebnis dankbar?

(10 Min.)

Das Ohr

Unser Ohr ist etwas besonders Kostbares. Wir können schon vor unserer Geburt hören und an den Erlebnissen der Mutter und den Vorgängen in unserer Umgebung teilnehmen. Wir hören den Herzschlag der Mutter, ihre Stimme und die Gespräche, die sie führt. Auf alle diese Klänge reagieren wir mit unseren Gefühlen. Manchmal fühlen wir uns geborgen und manchmal aufgeregt. Und ständig hören wir das Rauschen ihres Blutkreislaufs und ihren Herzschlag. Das Ohr bleibt auch später im Leben von entscheidender Bedeutung, denn unser Gehör ist auch die Schnittstelle zwischen Intellekt und Gefühl. Mit dem Ohr lernen wir, andere Menschen zu verstehen und mit ihnen zu fühlen.

Wer kreativ sein möchte, der ist auf seine Ohren angewiesen. Insbesondere auf seine Fähigkeit, die Stille zu hören. Ohne Stille sind wir nicht in der Lage, rezeptiv zu sein und Verständnis zu entwickeln.

Lernprozesse aller Art werden verbessert, wenn die Schüler in der Lage sind, genau hinzuhören und auch minimale Schwingungen wahrzunehmen. Die Bedeutung der Meditation liegt unter anderem darin, dass hier Stille eingeübt wird.

Material: Zeichenpapier, Buntstifte, Ölkreide, Wachsmalstifte, Filzschreiber

Anleitung

Erinnere dich an einen Menschen, der deiner Meinung nach gut zuhören kann. Stell dir vor, dass du das Ohr dieses Menschen vor dir siehst…

Und nun denk an einen Menschen, der deiner Meinung nach schlecht zuhören kann. Stell dir vor, dass du auch eins von seinen Ohren sehen kannst.

Denk nun an deine eigenen Ohren und mach dir klar, dass du manchmal ganz genau und zu anderen Zeiten eher achtlos zuhörst. Und nun male bitte das Ohr eines Menschen, der dir viel bedeutet und zeige auch, wie gut dieses Ohr hören kann, was es aufnimmt und was es nicht hereinlässt. (15 Min.)

Stille

Wer gut hören kann, hat mehr Erfolg und ist kreativer. Um hören zu können, brauchen wir immer wieder das Erlebnis der Stille. Dann kann sich unser Gehör regenerieren. Wir hören dann unseren Interaktionspartnern und auch uns selbst besser zu, unserer Phantasie, unserem Herzen, unserer Erinnerung. Wir hören dann auch Dinge, die sich nicht durch Worte artikulieren.

Stille wird von vielen Menschen als etwas Exklusives empfunden, weil es in unserem Leben meist viel zu laut ist. Stille kann Angst auslösen und Gedanken an mögliche Gefahren heraufbeschwören. Darum ist es am besten, wenn wir Stille täglich als Ausgleich für die Belastungen durch Lärm erleben können.

Material: Zeichenpapier, Buntstifte, Ölkreide, Wachsmalstifte, Filzschreiber

Anleitung

Erinnere dich bitte an einen Augenblick, als alles um dich herum ganz still war und welche Gefühle du dabei hattest. Wie hat dir diese Stille gefallen? Konntest du dich dabei entspannen oder hast du dich innerlich angespannt? Welche Gedanken gingen dir durch den Kopf? (30 Sek.)

Und nun erinnere dich an eine Situation, wo deine Ohren das lauteste Geräusch deines Lebens aushalten mussten. Wo war das? Was genau geschah dort? Wie fühlte sich das Geräusch für deine Ohren an? (30 Sek.)

Erinnere dich nun, wie es heute war. Wann hast du heute Stille erlebt? Wo war das? Was hast du gerade gemacht? Wie hast du dich dabei gefühlt?

Zeichne bitte ein Bild der Stille des heutigen Tages. (10 Min.)

Nicht anfassen

Als Kind lernen wir sehr früh, welche Dinge wir besser nicht anfassen sollten:

- Dinge, die heiß sind,
- offenes Feuer,
- Dinge, die giftig sind,
- Dinge, die spitz oder scharf sind, etc.

Diese «gefährlichen» Dinge dürfen wir nicht oder nur mit großer Vorsicht verwenden. Hier ist unserer Neugier eine Grenze gesetzt, denn im Grunde reizt es uns, alles anzufassen.

Material: Zeichenpapier, Buntstifte, Ölkreide, Wachsmalstifte, Filzschreiber

Anleitung

Du hast genau 10 Minuten Zeit, um möglichst viele Dinge zu zeichnen, die du besser nicht anfasst, damit du deinen Händen keinen Schaden zufügst. Zeichne die Objekte so, dass wir nachher erkennen können, woran du gedacht hast und gib deinem Bild anschließend einen passenden Titel. (10 Min.)

Angst

Angst ist ein nützliches Gefühl, vor allem dann, wenn sie uns vor Schaden bewahrt. Sehr unangenehm ist es allerdings, wenn wir uns vor diesem beschützenden Gefühl fürchten. Wir sind kompetenter und kreativer, wenn wir uns mit dieser mächtigen Emotion anfreunden können.

Material: Zeichenpapier, Buntstifte, Ölkreide, Wachsmalstifte, Filzschreiber

Anleitung
Ein besonders starkes Gefühl ist die Angst. Unsere Vorfahren konnten nur überleben, wenn sie auf ihre Angst hörten und tödlichen Gefahren aus dem Weg gingen. Heute glauben viele Menschen, dass es ein Zeichen von persönlicher Stärke ist, keine Angst zu haben. Glaubst du das auch?

Nimm dir ein Blatt Papier und schreibe oben als Titel darauf: «Ich habe Angst». Zeige darunter, wie du dieses Gefühl erlebst. Wähle geeignete Farben aus, damit der Betrachter dein Gefühlsleben besser verstehen kann. (10 Min.)

Der Mann im Mond

Diese poetische Figur sehen wir vor allem in warmen Vollmondnächten, wenn wir uns an die Märchen unserer Kinderzeit erinnern oder an die Erzählungen unserer Großmutter. Aber auch als Erwachsene beschäftigt uns manchmal die Frage, ob es im weiten Kosmos Lebewesen gibt, die uns Menschen irgendwie ähnlich sind. Der Mann im Mond kann unsere Phantasie beflügeln und uns daran erinnern, dass wir im Weltmaßstab ziemlich klein sind.

Material: Zeichenpapier, Buntstifte, Ölkreide, Wachsmalstifte, Filzschreiber

Anleitung

Glaubst du daran, dass es in der Weite des Kosmos andere Lebewesen gibt, vielleicht sogar menschenähnliche Geschöpfe? Unsere Vorfahren haben das geglaubt und den Himmel über sich mit vielen Figuren belebt. Genau wie wir fühlten sie sich immer dann wohl, wenn sie nicht allein waren, sondern in Gesellschaft. Zu den besonders bekannten Himmelsbewohnern gehört auch der Mann im Mond. Manche Menschen glauben, dass sie einen Wunsch frei haben, wenn sie die Umrisse dieser Gestalt auf der Mondscheibe entdecken können.

Nimm dir ein Blatt Papier und zeige uns, wie diese Figur deiner Meinung nach aussehen könnte. (10 Min.)

Ein Goldrahmen

Ich glaube, dass es ein Grundbedürfnis ist, Menschen und Gestalten zu haben, die wir verehren können. Die Verehrung gibt uns Sicherheit, Schutz und natürlich auch etwas von dem Glanz der verehrten Person.

Material: Zeichenpapier, Buntstifte, Ölkreide, Wachsmalstifte, Filzschreiber

Anleitung

Male bitte einen goldenen Rahmen, in dem später vielleicht ein Spiegel oder ein Gemälde einen Platz finden soll. Gib dem goldenen Rahmen eine gewisse Würde, sodass der Betrachter ein Gefühl der Andacht oder der Verehrung empfinden kann für das, was dort später gezeigt wird. (5-10 Min.)

Und nun sollst du den Rahmen mit dem Porträt einer Person füllen. Diese Person kann lebend oder tot sein, real oder fiktiv. Vielleicht entscheidest du dich für die Person, an die du zuerst gedacht hast. (10 Min.)

Traum

Unsere Träume zeigen uns, wie kreativ wir sein können. Das gilt für alle Menschen, unabhängig von ihrer sozialen Herkunft oder ihrer Bildung. Diese große Kreativität sollte im Alltagsleben mehr Ausdruck finden.

In unseren Träumen ist alles möglich. Die Naturgesetze gelten hier nur zum Teil und Wunder sind möglich.

Wir sollten unseren Träumen respektvoll begegnen. Sie sind Ausdruck unseres Unbewussten, aus dem wir viele Anregungen schöpfen, die wir für unser Leben benötigen. Die Kunst besteht darin, die Bildersprache der Träume zu verstehen.

Material: Zeichenpapier, Buntstifte, Ölkreide, Wachsmalstifte, Filzschreiber

Anleitung

Stell dir einen jungen und glücklichen Menschen vor, der das Leben noch vor sich hat. Stell dir weiter vor, dass dieser junge Mensch nachts Träume hat, wie wir alle. Vielleicht erinnert sich dieser Mensch morgens an seine Träume, vielleicht auch nicht. Zeige nun den Traum dieses Menschen, Bilder und Szenen, die darin vorkommen. Dieser Traum muss in keiner Weise klar und durchsichtig sein, er kann bunt und rätselhaft sein, wie die meisten unserer Träume. (15 Min.)

Das Aquarium

Meerestiere leben in einer uns fremden Welt. Wir können zeitweilig in diese Welt eintauchen und bleiben doch ausgeschlossen. Im Aquarium können wir einige Bewohner der Wasserwelt betrachten und über ihre Schönheit und ihre Skurrilität staunen.

Material: Zeichenpapier, Buntstifte, Ölkreide, Wachsmalstifte, Filzschreiber

Anleitung
Das Leben hat einst im Wasser angefangen. Deshalb lieben die meisten Menschen auch das Wasser, sie genießen es, im Meer zu schwimmen oder mit einem Schiff zu fahren. Manche Menschen interessieren sich auch für die Lebewesen, die im Wasser leben. Allzu leicht vergessen wir, wie wichtig die Bewohner des Wassers für das Leben auf unserem Planeten sind. Mit dieser Malaufgabe kannst du der Wasserwelt deine Aufmerksamkeit zuwenden. Zeichne einen Ausschnitt daraus, nämlich ein Aquarium. Überlege dir, was du dem Betrachter in deinem Bild zeigen willst: Wasserpflanzen, Fische, Schnecken, Muscheln usw. (15 Min.)

Model

Die meisten Mädchen und Jungen, Frauen und Männer wünschen sich äußere Schönheit. Wir alle möchten als attraktiv empfunden werden und auf diese Weise dazugehören. Männliche und weibliche Models zeigen uns, wie wir es anstellen können, unseren optischen Wert zu steigern.

Material: Zeichenpapier, Buntstifte, Ölkreide, Wachsmalstifte, Filzschreiber

Anleitung

Jeden Tag haben wir Gelegenheit, die unterschiedlichsten Models zu betrachten. Sie geben uns Anregung, was wir tun müssen, um für andere attraktiv zu sein.

Zeichne ein solches Model, das du persönlich attraktiv findest und entscheide dich, ob du ein männliches oder ein weibliches Model abbilden willst. (10 Min.)

Der kleine Prinz

Diese literarische Figur wird auf der ganzen Welt geliebt, weil sie kindliche Unschuld mit spiritueller Weisheit verbindet. Der kleine Prinz ist ein Kind, das in der Lage ist, sogar einem Erwachsenen Anregungen zu geben. Für Kinder ist diese Figur noch heute attraktiv.

Material: Zeichenpapier, Buntstifte, Ölkreide, Wachsmalstifte, Filzschreiber

Anleitung
Zeichne ein Bild des kleinen Prinzen, den du vermutlich aus der Geschichte von Saint Exupéry kennst. Wenn du den kleinen Prinzen nicht kennen solltest, dann kannst du auf einen anderen Helden ausweichen, z.B. auf Harry Potter, Momo, Huckleberry Finn, Atreju, Pippi Langstrumpf, Alice im Wunderland o.Ä. (15 Min.)

Das Raumschiff

Die Erforschung des Kosmos fasziniert abenteuerlustige und wissbegierige Menschen seit Jahrhunderten. Sehr weit sind wir noch nicht in den Weltraum vorgedrungen. Immerhin haben wir es bis auf den Mond geschafft und als nächstes kosmisches Ziel steht der Mars auf dem Programm. Eine niederländische Stiftung will dort eine Kolonie aufbauen, für deren Bewohner keine Rückfahrkarte vorgesehen ist. Was erklärt die Faszination von derart schwer erreichbaren Zielen?

Eine Motivation lässt sich folgendermaßen beschreiben: Weltraumunternehmen erfordern ein ungewöhnlich hohes Maß an Willensstärke, Ausdauer und Selbstkontrolle. Es gibt kaum andere Gelegenheiten, um ähnlich aufregende Abenteuer zu bestehen, nachdem die weißen Flecken auf dem Globus weitgehend verschwunden sind. Hier ist vielleicht ein Anknüpfungspunkt für das Interesse von Jugendlichen an dieser Thematik. Auch sie müssen ihre Willenskraft entwickeln, wenn sie ein gutes und erfolgreiches Leben führen wollen.

Material: Zeichenpapier, Buntstifte, Ölkreide, Wachsmalstifte, Filzschreiber

Anleitung

Entwickle die Skizze für ein Raumschiff, das sich für interplanetarische Reisen eignet. Überlege dir vor dem Zeichnen:

- Wohin soll das Raumschiff fliegen?
- Wie groß soll die Besatzung sein?
- Soll das Raumschiff zur Erde zurückkehren?
- Soll es eine besondere Ausstattung haben?
(15 Min.)

Der Vulkan

Vulkane verkörpern Naturgewalten. Sie können durch ihren Ascheregen das Klima auf der gesamten Erde beeinflussen. Sie faszinieren uns auf ähnliche Weise wie Erdbeben oder Springfluten. Sie zeigen uns die Grenzen unserer Möglichkeiten, die Natur zu beherrschen und mahnen uns so zur Bescheidenheit.

Ein ausbrechender Vulkan ist darüber hinaus eine Metapher für unkontrollierte Aggression und den vollständigen Verlust der Selbstbeherrschung. Der Verlust der Selbstbeherrschung kann zu schlimmen persönlichen und sozialen Schäden führen. Für Kinder und Jugendliche sollte daher ein wichtiges Lernziel die Entwicklung von Selbstkontrolle sein.

Material: Zeichenpapier, Buntstifte, Ölkreide, Wachsmalstifte, Filzschreiber

Anleitung

Zeichne das Bild eines Vulkans und zeige mindestens einen Menschen, der seine Aufmerksamkeit auf den Vulkan richtet. Entscheide selbst, welche Stufe der Aktivität der Vulkan zeigt, und gib ihm einen Namen.

Ergänze das Bild des Menschen durch eine Sprechblase, in die du ein Wort schreibst, das sein Gefühl beim Anblick des Vulkans ausdrückt. (10 Min.)

Roboter mit Familienanschluss

Inzwischen halten Roboter auch in Privathaushalten Einzug, z.B. als Staubsauger oder Rasenmäher. Eine weiterentwickelte Generation wird uns noch näher kommen: medizinische Roboter, die gelähmten Menschen ihre Mobilität zurückgeben oder Pflegeroboter, die sich um alte, bettlägerige Menschen kümmern. Auf diesem Gebiet ist viel mehr in Vorbereitung, als wir ahnen oder wünschen.

Material: Zeichenpapier, Buntstifte, Ölkreide, Wachsmalstifte, Filzschreiber

Anleitung

Entwirf einen Haushaltsroboter, der einer modernen Familie helfen kann, ihre alltäglichen Aufgaben zu erfüllen und ein besseres Leben zu führen. (10 Min.)

Der Polizist

Der Polizist verkörpert die soziale Ordnung und das Gesetz. Er verlangt von den Bürgern diszipliniertes Verhalten und die Einhaltung von Spielregeln. Wer sich zu wenig beherrschen kann, der gerät leicht in einen Konflikt mit der Ordnungsmacht.

Viele Menschen reagieren auf Polizisten empfindlich und aggressiv. Sie machen sich oft nicht klar, wie schwierig es für die Ordnungshüter ist, ihre Aufgabe zu erfüllen und gleichzeitig die Menschen respektvoll zu behandeln, mit denen sie zu tun haben.

Material: Zeichenpapier, Buntstifte, Ölkreide, Wachsmalstifte, Filzschreiber

Anleitung

Zeichne einen Polizisten, der die Aufgabe hat, das Gesetz in einer kleinen Stadt zu vertreten. Wie viel Autorität soll dein Polizist ausstrahlen? Wie vermittelt er den Bürgern Vertrauen in Gesetz und Ordnung? (15 Min.)

Meine Gefühle

Kleine Kinder werden von ihren Gefühlen gesteuert. Erwachsene, die weise geworden sind, machen es umgekehrt. Sie sind in der Lage, ihre Gefühle zu steuern. Das setzt allerdings voraus, dass sie diese kennen, sie akzeptieren und freundlich mit ihnen umgehen. Kinder und Jugendliche werden immer wieder von den eigenen Gefühlen überrascht und müssen im Interesse ihrer Persönlichkeitsentwicklung lernen, ihre Gefühle zu erkennen und zu regulieren.

Material: Zeichenpapier, Buntstifte, Ölkreide, Wachsmalstifte, Filzschreiber

Anleitung

Male ein Bild deiner Gefühle und zeige sie möglichst so, wie du sie bei dir selbst erlebst. Die folgenden Fragen können dir dabei helfen:

- Wie viele Gefühle kannst du im Alltag bei dir unterscheiden?
- Welche Stärke haben die einzelnen Gefühle?
- Auf welche Weise kontrollierst du die Energie deiner Gefühle?
- Wie würdest du dein eigenes Temperament beschreiben?
- Wie stellst du dir das Konzert deiner Gefühle vor, wenn du zehn Jahre älter bist?
  (15 Min.)

Die Siegertreppe

In unserer Kultur gibt es sichtbare und unsichtbare Siegertreppen. Im Sport sind die Siegertreppen konkret sichtbar, in der Wissenschaft, in der Politik und in der Wirtschaft wird die Siegertreppe eher verborgen, um die Sieger zu schützen. Sie ist ein Symbol, das uns auffordert, über unsere Ziele nachzudenken und über die Konsequenz, mit der wir uns für unsere Ziele einsetzen. Wenn wir auf die Sieger schauen, dann sollten wir uns klarmachen, wie viel Willenskraft diese Menschen mobilisiert haben, um auf diesen herausgehobenen Platz zu gelangen. Das gilt natürlich vor allem für den Sport, aber auch für Wissenschaft und Kunst und nicht zuletzt für die Politik.

Für unsere Jugendlichen ist die Frage der Siegerplatzierung wichtig, weil sie lernen müssen, ihren Willen und ihre Energie auf wichtige Ziele zu fokussieren.

Material: Zeichenpapier, Buntstifte, Ölkreide, Wachsmalstifte, Filzschreiber

Anleitung

Zeichne eine Siegertreppe mit drei Plätzen, für den Gold-, Silber- und Bronzemedaillengewinner. Und dann stell bitte drei Personen auf diese Plätze und entscheide, wem du diese Auszeichnung zukommen lassen möchtest. Diese drei können durchaus aus verschiedenen Bereichen stammen und aus verschiedenen Zeiten. (15 Min.)

Die Flagge

Flaggen sind auch heute noch wichtige Symbole unserer Identität. Wenn eine Flagge gehisst wird, dann ist das in der Regel eine emotional bedeutsame Situation, in der die Aufmerksamkeit der Anwesenden gelenkt werden soll. In der Regel sind wir stolz, wenn «unsere» Flagge gezeigt wird – die Flagge unserer Nation, unserer Stadt, unseres Fußballvereins, unserer Partei, unserer Firma. Und mancher von uns hat zumindest in der Phantasie auch eine Flagge vom Ort seiner Träume.

Material: Zeichenpapier, Buntstifte, Ölkreide, Wachsmalstifte, Filzschreiber

Anleitung

Male eine Flagge, auf die du stolz bist, die dein Herz anspricht und deine Bereitschaft ausdrückt, dich für das einzusetzen, wofür sie steht. Du kannst eine Flagge malen, die es tatsächlich gibt, aber du kannst auch selbst eine Flagge erfinden. (10 Min.)

Armut

Armut gehört nach wie vor zu den großen politischen Problemen der Erde. Aus Armut entsteht oft Gewalt. Doch Armut wirft vor allem die Frage nach Gerechtigkeit und Gleichheit auf. Niemanden kann es kalt lassen, wenn Menschen in Armut leben. Und niemand hätte gedacht, dass auch in unserem Land die Armut heute noch viel zu viele Menschen betrifft.

Material: Zeichenpapier, Buntstifte, Ölkreide, Wachsmalstifte, Filzschreiber

Anleitung
Zeige Armut in einem Bild. Vielleicht schaffst du es, das Verantwortungsgefühl des Betrachters zu mobilisieren. (15 Min.)

Gespenster

Der Glaube an Geister oder Gespenster hat die Menschheit von Anfang an begleitet. Die Aufklärung hat große Anstrengungen unternommen, diesen Glauben aufzulösen, ohne dass dies ganz gelungen wäre. Viele von uns scheinen den Glauben an gute oder böse Geister zu brauchen. Vielleicht werden die Geister auch erst durch unseren Glauben an sie zum Leben erweckt. Wir können die Existenz von Geistern weder beweisen noch widerlegen, aber wir können dafür sorgen, dass wir es überwiegend mit freundlichen Geistern zu tun haben.

Material: Zeichenpapier, Buntstifte, Ölkreide, Wachsmalstifte, Filzschreiber

Anleitung
Male das Bild eines Geistes. Vielleicht hast du einmal den Eindruck gehabt, dass sich dir irgendein Geist genähert hat. Vielleicht sind dir in deinen Träumen Geister begegnet oder du hast irgendwann eine Geistererscheinung erlebt. Vielleicht hast du auch nur von Geistern gelesen oder bist ihnen im Kino begegnet. Gib irgendeinem Geist eine Gestalt. Das kann ein komisches, aber auch ein ernst gemeintes Bild sein. (15 Min.)

China

Wir alle erleben die Globalisierung der Wirtschaft, aber uns fehlt ein ausgeprägtes, globales Bewusstsein. Wir denken und fühlen vorwiegend ortsgebunden. Mit der zunehmenden Migration wird es immer wichtiger, dass wir Neugier und Respekt für fremde Kulturen entwickeln. Auf diese Weise können wir auch unsere Angst abbauen, die sich oft einstellt, wenn uns etwas Fremdes nahekommt.

Material: Zeichenpapier, Buntstifte, Ölkreide, Wachsmalstifte, Filzschreiber

Anleitung

Viele Dinge in deinem täglichen Leben werden in einem fernen Land hergestellt. Teile deiner Kleidung, dein Handy, dein Computer, deine Kaffeetasse. Vieles davon kommt aus China und es ist daher angebracht, dass du diesem Land und dieser Kultur Respekt erweist. Vielleicht bist du sogar neugierig auf diesen Teil der Welt.

Stell dir also bitte vor, dass du an einem Schüleraustausch teilnehmen kannst, wenn du eine einzige Bedingung erfüllst: Du sollst ein Bild malen, das deine Gedanken und Gefühle China gegenüber zeigt. Chinesische Jugendliche werden die Bilder anschauen und entscheiden, wen sie zu sich nach China einladen wollen. Wenn du willst, kannst du an diesem Wettbewerb teilnehmen, du kannst dich aber auch auf ein anderes, kleineres Land konzentrieren und ein Bild dazu malen. (15 Min.)

Wetter

Wir unterschätzen leicht die Auswirkungen, die das Wetter auf unsere Gefühle und auf unser Wohlergehen hat. Und noch leichter vergessen wir, dass wir selbst erheblichen Einfluss auf die Entwicklung des globalen Klimas haben. Unser ökologisches Bewusstsein ist in der Regel noch zu schwach entwickelt.

Material: Zeichenpapier, Buntstifte, Ölkreide, Wachsmalstifte, Filzschreiber

Anleitung

Viele von uns sind außerordentlich wetterfühlig, sie reagieren empfindlich auf Veränderungen der Lufttemperatur, auf trübes Wetter oder auf Stürme und Regengüsse. Auch du reagierst sicher auf die verschiedenen Wetterlagen. Wenn die Sonne scheint, wirst du optimistischer auf das Leben blicken, und wenn der Himmel wochenlang grau ist, ist es schwerer, die gute Laune zu behalten. Male ein Wetterbild und entscheide selbst, was du zeigen willst. Sommersonnenschein, einen Eissturm, einen Tornado, eine Sturmflut oder Frühlingserwachen… (15 Min.)

Äpfel

Sagen die Früchte, die wir am meisten mögen, etwas über unseren Charakter? Welches Temperament hat ein leidenschaftlicher Apfelesser? Welche Gefühle haben Pflaumenfreunde? Und was für ein Mensch isst mit Begeisterung fünf reife Pfirsiche nacheinander?

Material: Zeichenpapier, Buntstifte, Ölkreiden, Wachsmalstifte, Filzschreiber

Anleitung

Betrachte die Mitglieder deiner Familie als Früchte. Finde für jede Person eine Frucht, die zu ihr passt, zu ihrem Temperament, zu ihrem Verhalten und beschreibe auch, ob du diese Frucht magst und wie sie schmeckt.

Und dann zeichne alle Früchte zusammen auf einem Teller oder in einem Korb und finde für dieses Bild einen passenden Titel. (15 Min.)

Lange

Menschenaffen haben eine sehr kurze Zukunftsperspektive. Sie können etwa fünfzehn Minuten vorausdenken. Ganz kleine Kinder haben eine noch kürzere Zeitperspektive, aber das ändert sich im Laufe unseres Lebens. Dann lernen wir die Kunst des Abwartens und der Geduld. Damit ist die Fähigkeit verbunden, spontane Impulse zu zügeln.

Material: Zeichenpapier, Buntstifte, Ölkreide, Wachsmalstifte, Filzschreiber

Anleitung

Manche Wünsche gehen nicht sofort in Erfüllung, manche Ziele erreichen wir erst nach langer Zeit. Aber wenn uns etwas sehr wichtig ist, dann sind wir bereit, geduldig zu sein und abzuwarten.

Denk an etwas, worauf du lange Zeit warten musstest. Zeige in einem Bild, wie lange du gewartet hast und was du dann endlich bekamst. (10 Min.)

Nicht ohne XYZ

Manche Dinge sind für uns wichtig, aber wir könnten auch ohne sie auskommen. Doch es gibt auch Dinge, von denen wir glauben, dass wir ohne sie nicht leben können, weil unser Herz daran hängt, unsere Würde, unser Lebenssinn usw. Wenn wir etwas so Kostbares in unserem Leben haben, dann gibt uns das eine Basis. Wir wissen dann, was wir akzeptieren können und was nicht akzeptabel für uns ist.

Material: Zeichenpapier, Buntstifte, Ölkreide, Wachsmalstifte, Filzschreiber

Anleitung
Was ist so wertvoll in deinem Leben, dass du nicht bereit bist, darauf zu verzichten? Gibt es etwas, ohne das du nicht leben kannst? Zeige diese Kostbarkeit in einem Bild. (10 Min.)

Was kann ich nicht vergessen?

Traumatische Erfahrungen, Verletzungen und Katastrophen prägen sich in unser Gedächtnis ein. Oft tauchen sie als Flashback wieder auf. Aber auch besonders glückliche Augenblicke und Wohltaten anderer Menschen vergessen wir nicht und wir genießen es, uns daran zu erinnern. Viele Migranten, die zu uns kommen, bringen traumatische Erinnerungen mit, die von uns besonderes Taktgefühl verlangen. Aber auch alle anderen Menschen, mit denen wir täglich umgehen, haben unsichtbare Verletzungen und Enttäuschungen, die ihre Lebensfreude trüben. Das vergessen wir allzu leicht.

Material: Zeichenpapier, Buntstifte, Ölkreide, Wachsmalstifte, Filzschreiber

Anleitung

Manche Menschen merken sich vor allem Enttäuschungen, Verletzungen, Zurückweisungen und Niederlagen, während andere in ihrem Gedächtnis in erster Linie Erfolge, glückliche Zufälle, Siege und Gewinne registrieren. Die meisten Menschen haben irgendetwas, von dem sie sagen: Das kann ich nicht vergessen. Sie müssen sich das nicht vornehmen, die Entscheidung darüber trifft ihr Herz, das wiederum seine Gründe dafür hat.

Male ein Bild von den Dingen, die du nicht vergessen kannst. (15 Min.)

Donnerstag

Es ist wichtig, dass Jugendliche lernen, sich ihre Zeit einzuteilen. Das gibt ihrem Leben Stabilität und Ordnung und hilft ihnen, ihre Aktivitäten sinnvoll zu planen. Wichtig ist auch ein gesunder Wechsel zwischen Zeiten des Alleinseins und Zeiten, die sie in einer Gruppe verbringen. So können sie eine Balance finden zwischen Selbstständigkeit und Kooperation mit anderen. Darum ist es wichtig, die folgenden Fragen mit ihnen zu diskutieren:

- Wie teile ich meine Zeit ein?
- Wann kann ich improvisieren?
- Wann folge ich einem Plan?
- Welche Ziele setze ich mir für einen Tag, für eine Woche, für ein Jahr?
- Wie überprüfe ich, ob ich mich an meine Pläne gehalten habe bzw. ob ich meine Ziele erreicht habe?
- Wie teile ich meine Zeit auf zwischen Arbeit, Lernen, Freundschaften, Sport, Hobbys?

Material: Zeichenpapier, Buntstifte, Ölkreide, Wachsmalstifte, Filzschreiber

Anleitung

Welchen Tag der Woche magst du am liebsten? Gibt es einen Wochentag, den du nicht schätzt? Gibt es einen Wochentag, an dem du besonders erfolgreich bist? Gibt es einen Wochentag, an dem du dich besonders überwinden musst, deine Pflichten zu tun?

Die Wochentage unterscheiden sich nicht nur durch ihre Namen, sondern auch durch ihre Position in der Woche. Der Donnerstag liegt etwa in der Mitte der Woche und unsere Aufmerksamkeit richtet sich dann schon manchmal auf das Wochenende.

Wie sieht ein typischer Donnerstag für dich aus? Was erwartest du an diesem Tag? Was gefällt dir an diesem Tag?
Male ein Bild, das zum Ausdruck bringt, was der Donnerstag für ein Tag ist, für dich selbst und vielleicht auch für andere. (15 Min.)

Zu lange

Von Jahr zu Jahr lernt der Jugendliche, dass er für sein Leben verantwortlich ist. Er muss lernen, sich Ziele zu setzen, sich für persönliche Werte zu entscheiden, er muss überprüfen, wie gut er seine Ziele erreicht hat usw.

Besonders schwierig sind folgende Fragen zu beantworten: Welches sind meine besonderen Talente? Welche Stärken möchte ich entwickeln? Auf welches Lebensthema möchte ich meine Energie konzentrieren?

Dabei wird vieles ausprobiert. Einiges erweist sich als fruchtbar, anderes sollte aufgegeben werden. Die Jugendlichen müssen lernen zu erkennen, wie wichtig die richtigen Freunde sind und welchen Preis sie dafür zahlen müssen, wenn sie undiszipliniert essen, Drogen nehmen oder trinken.

Es ist sinnvoll, wenn sie sich früh die Frage stellen: Was sollte ich besser aufgeben? Was sollte ich beenden, um mir selbst treu zu bleiben?

Oft brauchen wir mehrere Anläufe, um riskante und schädliche Abhängigkeiten zu kappen.

Material: Zeichenpapier, Buntstifte, Ölkreide, Wachsmalstifte, Filzschreiber

Anleitung

Manchmal halten wir an Dingen fest, die nicht mehr zu uns passen. Manchmal haben wir Freunde, die uns schaden, manchmal vertrödeln wir unsere Zeit und bedauern es anschießend. Und ab und zu denken wir über die Fragen nach: Wie verbringe ich meine Zeit und welche Ziele möchte ich in den nächsten Jahren erreichen? Tue ich genug dafür, um diesen Zielen näherzukommen? Was sollte ich aufgeben? Worauf sollte ich verzichten, damit ich mich nicht verzettele?

Finde eine Antwort auf die Frage: Woran habe ich zu lange festgehalten, was sollte ich jetzt stoppen?

Zeige in einem Bild, was du persönlich aufgeben willst. (15 Min.)

Sternstunde

In einer mobilen Gesellschaft ist es schwierig, die eigenen zentralen Werte zu finden und dem eigenen Lebensweg die passende Richtung zu geben. Viele sind froh, wenn sie überhaupt Arbeit haben und ihren Lebensunterhalt verdienen. Trotzdem taucht für uns alle immer wieder die Frage auf: Was mache ich eigentlich mit meinem Leben?

Material: Zeichenpapier, Buntstifte, Ölkreide, Wachsmalstifte, Filzschreiber

Anleitung

Kannst du dich gut konzentrieren? Kannst du deine gesamte Aufmerksamkeit auf einen Punkt richten und eine ungewöhnliche Frage auf der Stelle beantworten?

Diese Frage werde ich jetzt stellen und du sollst sie unverzüglich beantworten, ohne darüber nachzudenken, ob die Antwort richtig oder passend ist.

Die Frage lautet: Wenn du von deinem gesamten Leben nur eine einzelne Erinnerung behalten könntest, woran möchtest du dich dann erinnern?

Nimm dir ein Blatt Papier und Stifte und lass deine Hand anfangen, diesen besonderen Augenblick zu entdecken und zu zeigen. Du hast zehn Minuten Zeit. (10 Min.)

Wolkenkratzer

Auch im Altertum gab es schon Vorläufer der modernen Hochhäuser wie z.B. den Turm von Babel. In diesen Gebäuden drückte sich der Ehrgeiz der Herrscher aus, ihr Wille zum Erfolg und zur Dominanz. Die Kritiker dieser Unternehmen warnten vor Überheblichkeit, Arroganz und Beleidigung der Götter.

Auch heute noch rufen hohe Türme und Hochhäuser gemischte Gefühle in uns hervor. Sie imponieren uns und gleichzeitig können sie Höhenangst in uns auslösen. Wolkenkratzer sind Symbole für Ehrgeiz, Risikobereitschaft und Erfolgsstreben. Jeder von uns benötigt etwas davon, aber unser Ehrgeiz sollte verbunden sein mit der Bereitschaft, auch der Gemeinschaft zu dienen. Nur so kann die Gefahr der Isolation gebannt werden.

Material: Zeichenpapier, Buntstifte, Ölkreide, Wachsmalstifte, Filzschreiber

Anleitung

Stell dir vor, dass du in einem Architekturbüro angestellt bist. Das Büro versucht, lukrative Aufträge zu akquirieren und die Geschäftsleitung legt Wert darauf, dass alle Angestellten Gelegenheit haben, ihre Kreativität einzusetzen. Alle arbeiten spontan und unvorbereitet an einem gemeinsamen Thema. Heute lautet das Thema: Entwirf einen Wolkenkratzer.

Der Baugrund ist knapp, aber die Menschen sollen sich in dem Gebäude wohlfühlen. (10 Min.)

Die Medaille

Medaillen sind ein Zeichen der Anerkennung, die wir von einer Gruppe oder von der Gesellschaft bekommen. Sie symbolisieren Respekt, Wertschätzung oder Dankbarkeit für eine besondere Leistung. Die Medaille muss verdient sein, der Empfänger muss sich als würdig erwiesen haben. Medaillen haben daher eine inspirierende Kraft. Sie können uns zu besonderen Anstrengungen motivieren, zu lang anhaltender Konzentration und Opferbereitschaft. Dafür ernten wir dann soziale Anerkennung und Zuneigung. Besonders wichtig sind Medaillen im Sport, gefolgt von Medaillen beim Militär und in der Wissenschaft.

Material: Zeichenpapier, Buntstifte, Ölkreide, Wachsmalstifte, Filzschreiber

Anleitung

Zeichne eine goldene Medaille, die jemand für seine Verdienste bekommen soll. Entscheide selbst, wofür es diese Medaille gibt. Dann zeichne jemanden, der diese Medaille trägt und der darüber glücklich ist. (15 Min.)

Der Heißluftballon

Der menschliche Wunsch zu fliegen ist uralt. Unsere Phantasie hat sich immer wieder mit der Idee beschäftigt, wie es möglich ist, die Gesetze der Schwerkraft auszuhebeln. Heißluftballons waren die ersten erfolgreichen Geräte, die wagemutige Menschen dem Himmel näher brachten.

Material: Zeichenpapier, Buntstifte, Ölkreide Wachsmalstifte, Filzschreiber

Anleitung
Zeichne einen Heißluftballon, der dir gefällt und der deine Phantasie anregt. Dann sorge dafür, dass der Ballon menschliche Gesellschaft erhält und zeige eine oder mehrere Personen, die mit dem Ballon zu tun haben, als Passagiere, als Pilot oder als Konstrukteur. (15 Min.)

Der Regenbogen

Wer einen Regenbogen sieht, der darf sich etwas wünschen. Wer über diese Idee lächelt, der verkennt die Wirksamkeit von Illusionen. Im Wünschen drücken sich wichtige Ziele aus und wenn wir uns auf ein Ziel konzentrieren, so ist das die beste Voraussetzung dafür, dass wir es auch erreichen.

Die Farben des Regenbogens sprechen unser Unbewusstes an. Sie symbolisieren unsere Stärken und Talente. Wenn wir diese in den Dienst eines Zieles stellen, dann entwickeln wir eine starke innere Kraft.

Material: Zeichenpapier, Buntstifte, Ölkreide, Wachsmalstifte, Filzschreiber

Anleitung

Zeichne einen Regenbogen, der die Kraft hat, aus einem Wunsch ein Ziel zu machen und aus dem Ziel Wirklichkeit. Zeichne an den Anfang des Regenbogens eine Person, die sich etwas wünscht, und zeige am Ende des Regenbogens das Ziel, das sie erreicht hat. (15 Min.)

Ein Mund

Wenn wir einen anderen Menschen verstehen wollen, dann konzentrieren wir uns in den meisten Fällen auf zwei Regionen – auf die Augen und auf den Mund. Schon als kleines Kind haben wir den Blick der Mutter gesucht, um uns zu vergewissern, dass wir ihr am Herzen liegen.

Material: Zeichenpapier, Buntstifte, Ölkreide, Wachsmalstifte, Filzschreiber

Anleitung
Zeichne einen Mund und entdecke beim Zeichnen mehr über diese Lippen. Finde heraus, was das für ein Mund ist, zu wem der Mund gehört und was dieser Mund zu sagen hat. Und dann lass diesen Mund ein einziges Wort sprechen. Lass dich überraschen, was der Mund zu sagen hat. Vielleicht wunderst du dich über deine eigenen Einfälle… (10 Min.)

Es werde Licht

Manchmal fühlen wir uns blockiert. Uns fehlt eine überzeugende Idee, das Verständnis für einen Zusammenhang, wir suchen mühsam nach der Lösung eines Problems o.Ä. Andererseits wissen wir, dass es eine Lösung gibt. Wir wünschen uns also eine Erleuchtung oder einen zündenden Gedanken. Solange wir an die Möglichkeit der Erleuchtung glauben, sind unsere Aussichten gut, dass wir weiterkommen.

Material: Zeichenpapier, Buntstifte, Ölkreide, Wachsmalstifte, Filzschreiber

Anleitung

Zeichne eine altertümliche, traditionelle Glühbirne mit einem intakten Leuchtfaden. Stell dir vor, dass diese Glühbirne ein Designermodell ist und zu einer Serie gehört, die poetisch benannt wurde: «Es werde Licht».

Bring diese Worte an geeigneter Stelle in deinem Bild unter und dann zeichne noch irgendetwas, wofür das Licht gebraucht wird, vielleicht von dir, vielleicht von einer anderen Person. (10 Min.)

Der Ring

Eine der wirksamsten Quellen unserer Inspiration ist die Mutter, auch wenn wir dies in vielen Fällen nicht zugeben. Oft nehmen wir uns nicht die Zeit, um an die Schätze heranzukommen, die hier verborgen sind.

Material: Zeichenpapier, Buntstifte, Ölkreide, Wachsmalstifte, Filzschreiber

Anleitung

Konzentriere deine Aufmerksamkeit auf den Menschen, dem du dein Leben verdankst – auf deine Mutter… Erinnere dich an den Schmuck, den deine Mutter im Alltag trägt, und an jene Schmuckstücke, die sie nur zu besonderen Gelegenheiten anlegt. Während du diese Dinge vor dem Vergessen bewahrst, kannst du dir wünschen, dass dich diese Erinnerungen inspirieren mögen. Lass dir genau zehn Minuten Zeit, um ein Schmuckstück deiner Mutter zu skizzieren. (10 Min.)

Schmerzen

Schmerzen haben eine wichtige Wächterfunktion. Sie rütteln uns wach und verlangen unsere Aufmerksamkeit. Irgendetwas sollten wir tun. Wer das hermeneutische Potenzial von Schmerzen respektiert, der lebt länger und besser.

Material: Zeichenpapier, Buntstifte, Ölkreide, Wachsmalstifte, Filzschreiber

Anleitung

Gehörst du zu den Menschen, die anderen sagen können, dass sie Schmerzen haben oder siehst du darin ein Zeichen der Schwäche? Und wenn du Schmerzen hast, wo tut es dann weh:

- in deinem Rücken?
- in deinem Knie?
- in deinem Kopf?
- in deinem Bauch?
- in deinem Hals?
- Wann bekommst du diese Schmerzen?

Aber es gibt noch andere Schmerzen - «Herzeleid», z.B. wenn wir etwas Kostbares verloren haben, wenn wir uns einsam fühlen, wenn wir zurückgewiesen wurden.

Und mit Sicherheit haben nicht nur wir Menschen Schmerzen, sondern auch Bäume und Tiere, Berge und Seen, das Land, die Geschichte, die Politik und die Völker.

Manchmal bekommen wir mit, dass die Natur Schmerzen hat, wenn der Regen ausbleibt oder wenn es zu viel regnet, wenn Stürme wüten oder Waldbrände.

Zeige in deinem Bild deine eigenen Schmerzen und zeige die Schmerzen in deiner Umgebung. (15 Min.)

Abschied

Auch Jugendliche müssen lernen, bewusst Abschied zu nehmen. Adieu zu sagen ist immer schwierig, besonders dann, wenn es ein Abschied für immer ist. Beim Abschiednehmen geht es nicht nur um Beziehungen. Immer wieder müssen wir uns von Zielen verabschieden, von Ideen, von Illusionen, von Plänen. Mit jedem Abschied schließen wir eine wertvolle Möglichkeit aus unseren Leben aus. Daraus kann das Gefühl der Enge und des Eingesperrtseins entstehen. Dann kann uns das geflügelte Wort trösten: «Für jede geschlossene Tür öffnen sich zwei neue.»

Material: Zeichenpapier, Buntstifte, Ölkreide, Wachsmalstifte, Filzschreiber

Anleitung

An jedem Tag nehmen wir Abschied. Wenn wir morgens aus dem Haus gehen, verabschieden wir uns von unserer Familie. Wenn wir die Schule verlassen, verabschieden wir uns von unseren Freunden. Nach der Trainingsstunde auf dem Sportplatz verabschieden wir uns von unseren Sportkameraden. Wenn alles gutgeht, sind das keine endgültigen Abschiede, aber manchmal sind wir nicht sicher, ob es nicht eine Trennung für immer sein wird. Dann bleiben wir erschüttert und trauernd zurück.

Zu solchen persönlichen Abschieden kommen jeden Tag andere Abschiede hinzu. Vielleicht entschließen wir uns, mit dem Rauchen aufzuhören und das ist ein ziemlich schwieriger Abschied. Oder wir nehmen uns vor, nicht mehr den Schnellimbiss zu betreten und auf Junkfood zu verzichten. Auch das kann ein schwieriger Abschied sein, der mit vielen Anläufen verbunden ist.

Nimm dir ein Blatt Papier und schreibe die Abschiede auf, die du jeden Tag erlebst und notiere auch die schwierigen Versuche, etwas aufzugeben, was für dich schädlich ist. Und achte, während du schreibst, auf die Gefühle, die sich dabei melden.

Such dir einen Abschied aus, der dich interessiert, der vielleicht nicht so einfach zu vollziehen ist. Zeige in einem Bild, worum es dabei geht und was alles zu diesem Abschied dazugehört. (10 Min.)

Das erste Mal

Es ist immer eine besondere Situation, wenn wir einer Person das erste Mal begegnen. Wenn wir z.B. einen neuen Lehrer bekommen, wenn wir uns frisch verlieben, wenn Vater oder Mutter einen neuen Partner mit nach Hause bringt. Wir wissen wenig von den Menschen, die neu in unser Leben kommen und meistens geben wir uns Mühe, eine gute Beziehung zu ihnen zu entwickeln. Automatisch versuchen wir herauszufinden, welche Empfindlichkeiten der neue Mensch mitbringt, weil wir nicht wollen, dass wir ihn unabsichtlich verletzen und gegen uns aufbringen. Oft hoffen wir, einen guten Eindruck zu machen und den neuen Menschen für uns einzunehmen. Insgeheim hoffen wir manchmal, dass die neue Person unser Leben interessanter und farbiger machen kann.

Material: Zeichenpapier, Buntstifte, Ölkreide, Wachsmalstifte, Filzschreiber

Anleitung

Manchmal können wir uns genau daran erinnern, unter welchen Umständen, zu welcher Tageszeit und an welchem Ort wir einem wichtigen Menschen das erste Mal begegnet sind. Es kann sein, dass diese Person dann in unserem Leben eine wichtige Rolle gespielt hat, dass wir sie mochten oder etwas Wichtiges von ihr lernen konnten. Es kann aber auch sein, dass es sich herausstellt, dass wir mit einem neuen Menschen eine schwierige Zeit erleben, dass wir uns an ihm reiben, dass wir Konflikte mit ihm austragen müssen. Auch das kann wichtig sein, obwohl es vielleicht anstrengend ist.

Vielleicht hast du auch schon einmal darüber nachgedacht, wie du dich in solchen Situationen verhältst. Bist du neugierig und bereit, deine Vorurteile zurückzustellen und die neue Person Schritt für Schritt kennenzulernen? Vielleicht bist du aber auch zurückhaltend und vorsichtig, wenn du einem Menschen das erste Mal begegnest.

Erinnere dich an eine erste Begegnung in deinem Leben, die dir noch gut im Gedächtnis ist. Zeige diese Begegnung in einem Bild und zeige dich und die andere Person, wie ihr euch annähert und den Kontakt gestaltet. (15 Min.)

Wiederholung

Wiederholungen sind eine wichtige Lernstrategie. Viele Dinge müssen wir lernen und das bedeutet fast immer, dass wir zu einer Wiederholung bereit sein müssen. Als Kleinkind lernen wir mühsam, eine Schleife zu binden und später müssen wir vielleicht auf der Schule eine Klasse wiederholen. Jeder professionelle Musiker muss täglich viele Stunden üben und seine Stücke wiederholen. Jeder Ingenieur benötigt endlose Verbesserungen, bis er ein funktionierendes, technisches Produkt entwickelt hat. Ohne die Bereitschaft zur Wiederholung hätten wir keine Gemälde von Picasso und keine Oper von Mozart. Wiederholung ist die Mutter der Meisterschaft.

Material: Zeichenpapier, Buntstifte, Ölkreide, Wachsmalstifte, Filzschreiber

Anleitung

Wenn wir genau hinschauen, dann gibt es keine exakte Wiederholung. Weil jede Wiederholung immer ein wenig anders ist. Die Wiederholung sorgt dafür, dass wir eine gewisse Meisterschaft erreichen – als Pianist, als Torjäger oder als Chemiker. Jedes Kind weiß das und wiederholt mit großer Begeisterung die ersten Schritte, bis es ohne fremde Hilfe laufen kann.

Erinnere dich an eine Situation, wo du etwas wiederholt hast, weil du es unbedingt lernen wolltest, weil es für dich wichtig war, weil du besser werden wolltest. Zeig in deinem Bild, worum es dabei ging, was alles eine Rolle spielte und wie du dich dabei gefühlt hast. (10 Min.)

Absichtslos

In vielen Situationen üben wir, um bestimmte Ziele zu erreichen. Wir trainieren das Laufen, um uns auf einen Marathon vorzubereiten, wir üben, um auf dem nächsten Tanzwettbewerb in Form zu sein. Zu viel Zielstrebigkeit kann jedoch Groll in unserem Herzen erzeugen. Wir haben ein tiefes Bedürfnis nach Spiel, nach Faulenzen, nach Tagträumen. Und das gilt auch für die meisten, die gern zeichnen oder schreiben. Sie brauchen immer wieder unproduktive Zeit, frei von Beurteilung. Vielleicht ist das auch ein Fehler unseres Schulsystems, dass hier der Akzent zu sehr auf der Messlatte liegt und dass es zu wenig Raum für spielerische Aktivitäten gibt.

Material: Zeichenpapier, Ölkreide

Anleitung

Jeder von uns erlebt manchmal einen Augenblick oder auch eine längere Zeit der Unlust. Wir haben plötzlich keine Lust etwas zu tun, was wir sonst eigentlich gern machen. Wir haben keinen Spaß daran, Klavier zu spielen, wir mögen keinen Text schreiben, wir können uns auch nicht dafür begeistern, zum Sport zu gehen. Irgendwie hängt uns das zum Hals heraus. Der Grund kann darin liegen, dass wir allzu zielorientiert sind, dass wir bei allem eine Absicht verfolgen – besser zu schreiben, schneller zu laufen, fehlerfreier Klavier zu spielen. Gegen diese Vermessung unserer Talente rebelliert etwas in uns, das man vielleicht auch den Wunsch nach Freiheit nennen könnte.

Ich glaube, dass es wichtig ist, dass wir uns immer wieder Pausen schenken, in denen wir auf alle Absichten verzichten, in denen wir es unterlassen, unsere Leistungen zu messen und zu beurteilen. Wir sollten uns erlauben, ab und zu faul zu sein und gar nichts zu tun oder etwas aus reiner Lust am ziellosen Experimentieren zu tun.

Nimm dir ein Blatt Papier und wähle blind irgendeine Ölkreide. Lass sie dann über das Papier gleiten und verzichte darauf, irgendetwas zu zeigen. Du kannst dir vorstellen, dass deine Hand die Initiative ergreift und sich so bewegt, wie es ihr in den Sinn kommt. Du kannst entweder staunend zusehen, was da auf dem Papier entsteht oder du schließt immer wieder die Augen und lässt dich überraschen, was deine Ölkreide zu Papier gebracht hat. Vielleicht genießt du dabei das Gefühl der Bewegung, die Richtungswechsel deiner Hand, das Wechselspiel zwischen Geraden und Kurven oder das besondere Erlebnis, wenn du deine Hand kreisen lässt. Versuche eine Zeit lang, absichtslos zu zeichnen und nicht vor- und nicht zurückzuschauen, sondern einfach im Augenblick zu existieren, frei und losgelöst. (10 Min.)

Wildnis

Ökopsychologen kritisieren, dass Kinder und Jugendliche den Kontakt zur Natur und insbesondere zur Wildnis verloren haben. Auf diese Weise fehlt ihnen der gefühlsmäßige Kontakt zur Erde und zu den Kräften der Natur. Sie kennen nur die manipulierte und künstlich veränderte Natur. Die direkte Konfrontation mit der Natur ist etwas Kostbares, etwas, das sich nicht digitalisieren lässt.

Zum Glück hat jeder von uns seine eigene Wildnis in sich, eine besondere Intelligenz, die nach den geheimen Gesetzen der Wildnis funktioniert. Ohne diese unverlierbare Nähe zur Natur gäbe es keine Tierliebe, keinen Naturschutz, keine Ökologie und keine ganzheitliche Medizin.

Material: Zeichenpapier, Buntstifte, Ölkreide, Wachsmalstifte, Filzschreiber

Anleitung
Stell dir vor, dass du in der Lotterie einen Abenteuerurlaub deiner Wahl gewonnen hast. Du kannst dir aussuchen, wohin dich deine Abenteuerlust zieht, in die Wildnis der sibirischen Taiga, in die Weite der mongolischen Steppe oder in die Dünen der afrikanischen Kalahari, um nur einige Möglichkeiten zu benennen. Wohin würdest du gern gehen? Aber es gibt nicht nur die Wildnis der fernen Länder, es gibt auch eine Wildnis in unserem Land und vor allem gibt es auch eine Wildnis in uns selbst.

Wo liegt deine Wildnis? Was kannst du dort bekommen? Was kannst du dort lernen? Zeige in einem Bild deine eigene Wildnis und wenn du willst, male dich auch selbst in dieses Bild. (15 Min.)

Niederlagen

Viele Eltern sind sehr besorgt, ob sie ihre Sache richtig machen und ihren Kindern das Beste bieten. Manchmal bewirkt diese Sorge jedoch das Gegenteil. Verwöhnte Kinder sind oft empfindlich, wehleidig und furchtsam. In Krisen erweisen sich verwöhnte Kinder oft als wenig widerstandsfähig.

Andererseits gewinnen Kinder oft beträchtliche Stärke und Widerstandskraft, wenn sie Schwierigkeiten und harte Zeiten durchleben müssen. Sie entwickeln dann die Überzeugung, dass ihnen auch Niederlagen und Widrigkeiten nichts anhaben können, dass sie gestärkt daraus hervorgehen. Sie verfügen über jene geheimnisvolle Kraft, die von den Psychologen als Resilienz bezeichnet wird.

Material: Zeichenpapier, Buntstifte, Ölkreide, Wachsmalstifte, Filzschreiber

Anleitung

Denk an eine Situation, in der es dir sehr schlecht ging, wo du eine Niederlage hinnehmen musstest, wo du vielleicht auch deine Hoffnung für einen Augenblick verloren hattest. Vielleicht gab es einen Kampf, den du nicht gewinnen oder ein Ziel, das du nicht erreichen konntest. Doch wir wissen, dass du diesen Tiefpunkt überstanden hast und heute hier in dieser Gruppe sitzt. Wahrscheinlich hast du etwas in dieser schwierigen Lage gelernt, was sehr wichtig für dich war. Zeichne ein Bild von dieser Krise, von dieser Niederlage. Vielleicht kannst du auch einen Hinweis darauf geben, was dir damals geholfen hat, durchzuhalten. (15 Min.)

Das Leben lieben

Manche Menschen werden mit einer kostbaren Fähigkeit geboren, nämlich mit dem Talent, das Leben zu lieben, was immer ihnen widerfährt. Andere wiederum sind sich da nicht so sicher. Sie müssen erst lernen, ihr Leben zu lieben, die hellen und die dunklen Seiten.

Material: Zeichenpapier, Buntstifte, Ölkreide, Wachsmalstifte, Filzschreiber

Anleitung
Beginne bei diesem Bild bitte mit der Überschrift: «Das Leben ist schön…»

Zeige in deinem Bild, was alles im Leben schön sein kann und wann du das Leben genießt. Gibt es Orte, wo du das Leben besonders wunderbar findest? Und hast du schon erlebt, dass sich ein Problem oder ein Unglück später als segensreich erwiesen hat? Hat jemand dir in einer schwierigen Situation geholfen, dem Leben zu vertrauen? (15 Min.)

Der Leuchtturm

Eine wichtige Lektion der Schule kann die Erkenntnis sein, dass das zuverlässigste Licht im Leben die Helligkeit und die Kraft der eigenen Phantasie ist.

Material: Zeichenpapier, Buntstifte, Ölkreide, Wachsmalstifte, Filzschreiber

Anleitung

Benutze deine Phantasie und stell dir Folgendes vor: Du bist am Meer und es wird schon dunkel. Du gehst einen schmalen Weg entlang, der zu einem Leuchtturm führt. Du trittst näher an den Turm heran und betrachtest ihn.

Geh jetzt hinein und steige die Treppe nach oben… Es sind viele Stufen… Und schließlich bist du oben angekommen…

Draußen ist es jetzt schon ganz dunkel…

Du siehst den hellen Lichtstrahl, der im Kreis herumwandert, wieder und immer wieder…

Jetzt scheint das Licht auf eine besondere Stelle… Du siehst genau hin und erkennst, was in dem Lichtstrahl sichtbar wird…

Zeichne nun ein Bild von diesem Erlebnis und zeige auch, was du dabei entdecken konntest. (15 Min.)

Der Fluss

Wenn wir uns die Zeit nehmen, nach innen zu schauen und auf Hinweise unseres Unbewussten zu warten, dann können wir eine positive Überraschung erleben. Das Unbewusste schickt uns Erinnerungen an nicht abgeschlossene Projekte, an vergessene Beziehungen oder es warnt uns vor persönlicher Überlastung. Unser Tagesbewusstsein ist nicht in der Lage, alle relevanten Themen gleichmäßig erfolgreich zu bedienen. Wir brauchen die ergänzende Stimme aus den Tiefen unseres Geistes. Hier schlummern die Lösungen für unsere wirklich schwierigen Probleme.

Die folgende Übung hilft den Teilnehmern, die Stimme ihres Unbewussten zu hören.

Material: Zeichenpapier, Buntstifte, Ölkreide, Wachsmalstifte, Filzschreiber

Anleitung

Schließ die Augen und stell dir vor, dass du am Ufer eines Flusses sitzt und beobachtest, wie das Wasser an dir vorbeiströmt. Du siehst kleine Strudel und manchmal eine größere Welle und du bewunderst die Kraft und die Unerschöpflichkeit des Flusses. Jetzt fließt er gezügelt in seinem Bett, aber du weißt, dass er sich schnell verändern und über die Ufer treten kann. Im Wasser erkennst du Pflanzenreste, Blätter und Zweige und manchmal treibt auch ein größeres Stück Holz vorbei. Du bist neugierig, was der Fluss dir an diesem Tag zeigen wird. Ohne feste Absicht forderst du den Fluss im Stillen auf, dir irgendeine Überraschung zu bereiten. Und deine stumme Bitte wird erhört. Du öffnest die Augen und beugst dich nach vorn, um zu erkennen, was gerade jetzt vorbeitreibt, etwas Besonderes, etwas, an das du vielleicht lange nicht gedacht hast. Du kannst dieses Geschenk des Flusses gleich würdigen, indem du ein Bild dazu malst. So kannst du das Treibgut auf deinem Bild in Ruhe betrachten und studieren, auch wenn es schon längst vom Wasser mitgerissen wurde.

Was kannst du mit diesem Objekt anfangen? Macht es dich auf etwas aufmerksam? Erinnert es dich an Vergessenes? Will es dich zu einer Aktion anspornen?

Lass dir zehn Minuten Zeit für dein Bild. (10 Min.)

Der Computer

Unsere Intuition ist eine wichtige Erkenntnisquelle. Wir können alles, was wir erleben, auch als Angebot des Schicksals verstehen, etwas zu lernen und Hilfe für unsere Entscheidungen zu bekommen. Nicht immer gelingt es uns jedoch, den Sinn solcher Hinweise zu entziffern. Aber es ist hilfreich, wenn wir an die Hypothese glauben, dass das Leben uns nicht nur Herausforderungen und Probleme schickt, sondern genauso oft Anregungen und Unterstützung. Eine solche Haltung fällt uns leichter, wenn wir neugierig sind und bereit, immer etwas Neues zu lernen.

Material: Zeichenpapier, Buntstifte, Ölkreide, Wachsmalstifte, Filzschreiber

Anleitung

Stell dir vor, dass du deinen Computer eingeschaltet hast. Du blickst auf deine Emails und entdeckst eine neue Nachricht. Du öffnest und liest sie: Du bemerkst, dass sie einen Anhang hat. Als du ihn öffnest, erblickst du ein Bild…

Was siehst du? Ist das Bild sofort vollständig oder dauert es eine Weile, bis alle Teile sichtbar sind?

Zeichne nun dieses Bild und denk noch nicht darüber nach, was es dir vielleicht zu sagen hat. Genieße einfach die Fähigkeit deines Geistes, solche Bilder zu empfangen. Lass dir zehn Minuten Zeit. (10 Min.)

Der Spaziergang

Es scheint, dass unsere Kreativität davon profitiert, wenn wir nicht still auf einem Stuhl sitzen, sondern uns draußen in der Natur bewegen. Unsere Vorfahren bewegten sich den ganzen Tag, um Früchte zu sammeln oder um Wild zu jagen. Sie liefen mit weit geöffneten Sinnen durch die Natur und reagierten auf kleinste Veränderungen in ihrer Umgebung. Sie waren geduldig und vertrauten darauf, dass ihre Aufmerksamkeit belohnt werden würde.

Material: Zeichenpapier, Buntstifte, Ölkreide, Wachsmalstifte, Filzschreiber

Anleitung

Stell dir vor, dass du am Meer spazieren gehst. In den Tagen davor gab es einen Sturm und du bist neugierig, ob das Meer etwas Interessantes angespült hat. Es ist Ebbe und das Wasser hat sich zurückgezogen. Du schlenderst am Strand entlang und entdeckst das Übliche: Muscheln, Seetang, Krebse und Seesterne. Du genießt die salzige Luft, die nach Abenteuer und Geheimnis schmeckt.

Deine Geduld wird belohnt. Du entdeckst etwas Ungewöhnliches, was die Flut an Land gespült hat. Du gehst näher heran und betrachtest, was du gefunden hast…

Lass dir zehn Minuten Zeit und male dein Erlebnis. Zeige in deinem Bild, was du entdeckt hast. (10 Min.)

Der Teich

Die Sphäre des Wassers regt unsere Kreativität an. Wir können nicht erkennen, was sich in der Tiefe verbirgt, aber wir rechnen damit, dass dort Unerwartetes darauf wartet, ans Licht geholt zu werden.

Material: Zeichenpapier, Buntstifte, Ölkreide, Wachsmalstifte, Filzschreiber

Anleitung

Stell dir vor, dass du am Ufer eines Teiches stehst. Du hältst eine Angel in der Hand, einen Kescher oder ein Fischernetz. Du tauchst dein Gerät ins Wasser und hoffst, dass du irgendetwas aus dem Wasser herausholen kannst.

Nach einer Weile fühlt sich dein Gerät schwerer an… Du hebst es aus dem Wasser heraus und legst deinen Fang auf den Boden. Du trittst näher heran, um zu sehen, was du aus dem Wasser gezogen hast. Was entdeckst du?

Zeige deinen Fang in einem Bild und lass dir dafür fünfzehn Minuten Zeit. (15 Min.)

Zwei Vögel

Wenn wir uns irgendein Doppelbild vorstellen (z.B. zwei Früchte, zwei Fahrzeuge, zwei Gebäude), dann stoßen wir manchmal auf zwei Entscheidungsmöglichkeiten. Das Doppelbild gibt uns ein schärferes und umfassenderes Bild von unserer Situation.

Material: Zeichenpapier, Buntstifte, Ölkreide, Wachsmalstifte, Filzschreiber

Anleitung

Stell dir vor, dass du einen lebhaften Traum hast. In diesem Traum bekommst du besonderen Besuch. Es sind zwei Vögel, die zu dir kommen. Der eine erscheint auf deiner linken Seite, der andere auf deiner rechten Seite.

- Was sind das für Vögel, die da aufgetaucht sind?
- Welches sind ihre Merkmale?
- Es kann sein, dass die Vögel dir etwas zu sagen haben. Wenn das so ist, was sagen sie dann?
- Es kann auch sein, dass die Vögel miteinander Kontakt aufnehmen. Was machen sie dann? Haben sie sich etwas zu sagen?

Lass dies einen kurzen Traum sein, der an dieser Stelle aufhört. Zeichne ein Bild von deinem Traum und den beiden Vögeln. (10 Min.)

Ein Tier

Manchmal erscheinen uns im Traum Tiere. Häufig symbolisieren sie uns selbst und unsere augenblickliche Verfassung, aber sie können auch wichtige Personen darstellen, mit denen wir zu tun haben oder mit denen wir uns auseinandersetzen müssen. Manchmal symbolisiert ein Tier auch eine geistige Qualität, eine Charakterstärke, ein Gefühl, das wichtig für uns ist. Das verschlüsselte Bild macht es uns leichter, eine neue, ungewohnte Perspektive einzunehmen. Es bremst den Erkenntnisprozess und vertieft ihn zugleich.

Material: Zeichenpapier, Buntstifte, Ölkreide, Wachsmalstifte, Filzschreiber

Anleitung

Stell dir vor, dass dir in einem Traum das Bild eines Tieres begegnet.

- Was ist das für ein Tier?
- In welcher Stimmung ist es?
- Wo hält es sich auf?
- Was ist seine Aufgabe?
- In welcher Verfassung ist das Tier?

Wenn du dich mit dem Tier bekannt gemacht hast, dann kannst du aus dem Traum heraustreten und ein Bild von ihm anfertigen. (10 Min.)

Das Schloss

Aus Märchen und Sagen kennen wir Burgen und Schlösser, in denen Kaiser und Könige leben. Manchmal sind diese glücklich, aber oft leiden sie auch unter der eigenen Arroganz, Lieblosigkeit und Ich-Bezogenheit. Wir einfachen Menschen wünschen uns oft, Einlass in das Schloss zu finden und vielleicht sogar zu der illustren Gesellschaft dazuzugehören. Fast immer ist der Zutritt jedoch an Bedingungen geknüpft. Wer in das Schloss will, muss sich das verdienen. Wer aufgenommen wird, der kann stolz auf sich sein und dankbar für die Gunst des Schicksals.

Material: Zeichenpapier, Buntstifte, Ölkreide, Wachsmalstifte, Filzschreiber

Anleitung

Heute darfst du von einem Schloss träumen, das du auf wunderbare Weise entdeckt hast. Du weißt, dass dies nicht jedem gelingt, man braucht dafür Neugier und innere Disziplin. Wer über diese Qualitäten verfügt, der hat auch den passenden Respekt vor dem Schloss, das sich nur dem zeigt, der erkannt hat, wie wertvoll es ist.

Du trittst durch das Portal ein und gehst langsam von Raum zu Raum. Überall siehst du schöne Dinge, die Arbeit vieler Künstlergenerationen.

Schließlich kommst du in einen besonderen Raum. Das bemerkst du daran, dass dein Herz etwas schneller schlägt. Du öffnest die Tür, betrittst den Raum und schaust dich um. Hier entdeckst du eine Überraschung. Was ist es, das dich positiv überrascht?

In diesem Augenblick geht dein Traum zu Ende und du erwachst. Male ein Bild von deinem Erlebnis. (10 Min.)

Aufräumen

Aufräumen bedeutet auch aussortieren. Wir trennen uns von überflüssigen Dingen, die uns belasten und keine Zukunft mehr haben. Ein aufgeräumtes Zimmer ist auch eine Einladung für kreative Aktionen, für die Erledigung wichtiger Aufgaben. Unordnung um uns herum erzeugt Unordnung im Geist und verhindert klare Entscheidungen, die Konzentration auf das Wichtige und ein optimistisches Voranschreiten. Um aufzuräumen müssen wir allerdings gut ausgeschlafen sein. Denn wir brauchen Willenskraft, um alten Gegenständen Adieu zu sagen.

Material: Zeichenpaper, Buntstifte, Ölkreiden, Wachsmalstifte, Filzschreiber

Anleitung

Stell dir vor, dass du dein Zimmer aufräumst, vielleicht deinen Schrank, deinen Schreibtisch, deine Kommode. Dinge, die du nicht mehr brauchen kannst, sortierst du aus, um sie zu verschenken oder wegzuwerfen. Bei manchen Objekten freust du dich, etwas Vertrautes wiederzufinden.

Und dann kommt eine Überraschung. Du entdeckst etwas, womit du nicht gerechnet hast. Worauf bist du gestoßen?

Zeichne ein Bild von deiner Entdeckung und lass dir Zeit, damit vertraut zu werden. (10 Min.)

Spur im Schnee

Der tiefe Winter ist eine gute Zeit, um zur Ruhe zu kommen und sich um all das zu kümmern, was in der Betriebsamkeit des Sommers vernachlässigt wurde. Gleichzeitig ist der Winter die Zeit der Geheimnisse, die unter der Schneedecke darauf warten, wieder ans Licht zu kommen. Faszinierend ist es auch, die Spuren zu beobachten, die auf einer frischen Schneedecke abzulesen sind. Sie wecken unsere Neugier und die geheime Lust, ihnen zu folgen.

Material: Zeichenpapier, Buntstifte, Ölkreide, Wachsmalstifte, Filzschreiber

Anleitung

Stell dir vor, dass es Winter ist. Draußen ist es bitterkalt und frischer Schnee ist gefallen. Der Schnee dämpft die Geräusche und die Kälte macht es schwer, den Duft des Lebens zu spüren. Dafür gibt es umso mehr für das Auge zu entdecken.

Du gehst spazieren und wenn du zurückschaust, siehst du die Fußspur, die du im Schnee zurückgelassen hast. Da entdeckst du eine fremde Spur im Schnee. Sie weckt deine Neugier und deine Abenteuerlust. Du beschließt, der Spur zu folgen. Nach einer Weile ist es so weit. Was oder wen findest du am Ende der Spur?

Zeichne ein Bild von deinem Abenteuer im Schnee und lass dir dafür fünfzehn Minuten Zeit. (15 Min.)

Das Haus

Das Haus ist ein Universalsymbol, das sowohl unsere Sehnsüchte, als auch unsere Befürchtungen verkörpern kann. Das Haus gewährt Schutz und Sicherheit, aber es schränkt uns auch ein und fordert unseren Freiheitsdrang heraus. Unsere innere Einstellung zum Haus ist in der Regel komplizierter, als wir es uns vorstellen. Hier besteht eine gute Möglichkeit, das eigene Verhältnis zum Haus tiefer zu verstehen.

Material: Zeichenpapier, Buntstifte, Ölkreide, Wachsmalstifte, Filzschreiber

Anleitung

Stell dir vor, dass du eine Zeit lang bewusste Träume hast. Du kannst dich anschließend erinnern, was du im Traum erlebt hast. Du hast schon von Fischen und Vögeln geträumt, von Burgen und Schlössern, von Feen und Rittern. Bislang hast du es vermieden, von einem Haus zu träumen. Jetzt ist das Haus an der Reihe. Sieh und erlebe, wie das Bild eines Hauses vor dir auftaucht. Bemerke die Eigenart dieses Hauses, seine Größe und den Grundriss, den Standort und den Zweck. Wer lebt in diesem Haus? Wie sieht der Eingang aus? Was für Fenster kannst du erkennen?

Wenn du das Haus von allen Seiten betrachtet hast, dann beende den Traum und zeichne ein Bild dieses Hauses. (15 Min.)

Das Samenkorn

Irgendwann entdeckten unsere Vorfahren das Samenkorn. Von nun an waren sie in der Lage, Getreide und andere Feldfrüchte anzubauen. Sie hatten großen Respekt vor der geheimnisvollen Kraft des Saatkorns, das am Anfang so winzig ist und doch in der Lage, sich zu einer großen Pflanze zu entwickeln. Seit diesem Zeitpunkt betrachteten die Menschen die Saat als ein Geschenk der Götter. Die Saat musste gut gehütet werden, nichts durfte durcheinander gebracht werden.

Material: Zeichenpapier, Buntstifte, Ölkreide, Wachsmalstifte, Filzschreiber

Anleitung
Stell dir vor, dass du durch eine kleine Stadt spazierst und schaust, was die Geschäfte anzubieten haben. Du kommst zu einem altmodischen Laden, wo Gartengeräte, Vogelhäuschen und Bienenkörbe angeboten werden. Du betrittst den Laden, in dem es keinen Computer gibt und kein digitales Telefon. Die Zeit ist hier stehen geblieben.

Der Ladenbesitzer erkennt, dass du neugierig bist und risikobereit. Er bietet dir ein Geschenk an: eine kleine Tüte ohne Etikett und ohne irgendeine Bezeichnung. Es befinden sich ein paar Samenkörner darin, die du durch das Papier hindurch ertasten kannst. Du nimmst die Samenkörner mit und pflanzt sie zu Hause in die Erde. Du bist gespannt, was sich daraus entwickeln wird.

Geduldig wartest du ab und dann beginnst du zu ahnen, was du in Gang gebracht hast. Was entsteht da?

Male ein Bild von diesem bemerkenswerten Ereignis. (15 Min.)

Der Tunnel

Der Tunnel stellt eine doppelte Herausforderung für uns dar. Der Entschluss, einen Tunnel zu graben, erfordert Mut und Geduld, Präzision und harte Arbeit. Und wenn er fertig ist, dann erfordert es Mut, durch ihn hindurchzugehen. Wenn wir die Röhre betreten, gehen wir durch die Dunkelheit und müssen darauf vertrauen, dass der Tunnel stabil genug ist und wir nicht verschüttet werden.

Solche Tunnelsituationen kommen im Leben häufig vor. Wir müssen unsere Willenskraft mobilisieren, um dann unsere Ängste in Schach zu halten.

Material: Zeichenpapier, Buntstifte, Ölkreide, Wachsmalstifte, Filzschreiber

Anleitung

Du bist in den Bergen unterwegs und genießt die Schönheit der Natur, die dir viele überraschende Eindrücke schenkt.

Schließlich gelangst du an einen Tunnel, der für Wanderer angelegt wurde. Du betrittst die enge, dunkle Röhre und gehst auf das Licht zu, das am anderen Ende des Tunnels zu sehen ist. Das Licht ist dein Ziel und du strebst ihm entgegen ohne anzuhalten. Schließlich hast du das Ende erreicht und trittst aus dem Tunnel heraus. Was siehst du und wie fühlst du dich?

Halte diesen Augenblick in einem Bild fest. (10 Min.)

Spielzeug

Spielzeug ist eine wunderbare Erfindung. Wenn es gutes Spielzeug ist, lädt es die Kinder dazu ein, die eigene Phantasie zu mobilisieren und ihm eine selbst gewählte Funktion zu geben. Deshalb sind Bauklötze, Stabilbaukästen und Legosteine besonders wertvoll, weil hier vieles offen ist und die Kinder Schritt für Schritt alles selbst in die Hand nehmen können. Hier wird das Gehirn der Kinder optimal herausgefordert und sie entwickeln Stolz auf ihre Gestaltungskraft.

Die Sphäre des Spielzeugs ruft Erinnerungen an die kreativste Zeit unseres Lebens wach. Manchmal entschließen wir uns dann, wieder mehr auf die eigenen kreativen Kräfte zu bauen.

Material: Zeichenpapier, Buntstifte, Ölkreide, Wachsmalstifte, Filzschreiber

Anleitung

Stell dir vor, dass du in einer Stadt unterwegs bist. Vielleicht willst du irgendetwas unternehmen... Doch vor allem kannst du dich umsehen und darfst dir etwas Besonderes kaufen. Du kommst an einem Laden vorbei, über dem du den Schriftzug «Spielzeugparadies» lesen kannst. Diese Worte ziehen dich magisch an und du betrittst den Laden...

Du gehst im Geschäft herum und betrachtest die Spielwaren... Du wirst neugierig und bekommst Lust, etwas auszuprobieren. Diese Gefühle hast du vielleicht lange nicht mehr so stark erlebt und so gehst du mit weit geöffneten Augen und neugierigen Händen von Regal zu Regal, bis du von einem Angebot ganz besonders stark angezogen wirst...

Betrachte dieses Objekt aus der Nähe und nimm es vielleicht in deine Hände. Sieh dir das Objekt von allen Seiten an und wenn du dich damit vertraut gemacht hast, dann kannst du dieses Spielzeug durch ein Bild würdigen. (15 Min.)

Punkte verbinden

Kreativität verbindet das Vorhandene mit der Dynamik der eigenen Intuition. Je häufiger wir uns auf dieses Abenteuer einlassen, desto wertvoller werden die Produkte, die dabei entstehen.

Material: Zeichenpapier, Bleistift

Anleitung

Lass dir dreißig Sekunden Zeit, um beliebig viele Punkte auf dein Papier zu setzen, völlig zufällig und planlos. (30 Sek.)

Und nun kannst du das Chaos betrachten, das du angerichtet hast. Wahrscheinlich siehst du auf deinem Blatt Unordnung und Durcheinander. Vielleicht siehst du auf deinem Blatt aber auch die Vorstufe zu einer Form oder Gestalt…

Du kannst etwas aus diesem Chaos erschaffen, vielleicht sogar etwas Schönes, indem du Punkte miteinander verbindest.

Dabei gilt jedoch eine Regel: Deine Bleistiftspitze soll beliebige Punkte miteinander verbinden, ohne abzusetzen und das Papier zu verlassen. Dabei darfst du einen Punkt nicht zwei Mal berühren und deine Linien dürfen sich nicht kreuzen.

Bis auf diese Regel bist du völlig frei, wie du aus den Punkten mit Hilfe der Linie ein Bild machen kannst. Du allein bestimmst, wie viele Punkte du einbeziehen willst. (10 Min.)

Das Zifferblatt

Es gibt einen Zusammenhang zwischen Kreativität und Zeit. Wenn wir kreativ sein möchten, betrachten wir die Zeit als etwas Kostbares und vergeuden sie nicht. Wir schieben die Dinge nicht auf, sondern gehen kurz entschlossen ans Werk. Nicht jede Arbeit muss perfekt sein, Fehler gehören dazu. Manchmal sind viele Versuche nötig, um etwas Wertvolles zu schaffen.

Außerdem orientiert sich die Kreativität an der Zukunft. Vor uns liegt das Neue, dort finden wir die Antwort auf unsere Fragen. Wir empfinden Respekt für die Vergangenheit, aber wir möchten nicht zu ihr zurückkehren.

Material: Zeichenpapier, Buntstifte, Ölkreide, Wachsmalstifte, Filzschreiber

Anleitung

Viele geflügelte Worte beziehen sich auf die Zeit:

- Eile mit Weile…
- Zeit ist Geld…
- Kommt Zeit, kommt Rat…
- Zeit zu säen und Zeit zu ernten…
- Am siebten Tag sollst du ruhen…
- Die Zeit heilt alle Wunden…
- Wer zu spät kommt, den bestraft das Leben…
- Pünktlichkeit ist die Höflichkeit der Könige…
- Wer zuletzt lacht, lacht am besten…

Da unsere Lebenszeit begrenzt ist, faszinieren uns Zeit und Vergänglichkeit und viele Künstler haben sich damit beschäftigt.

Male das Zifferblatt einer Uhr und gib der Uhr auch Zeiger. Entscheide, wie spät es auf dieser Uhr ist. Es liegt bei dir zu entscheiden, was für eine Uhr das sein soll, modern oder antik, groß oder klein, nüchtern oder phantasievoll. Wenn du dein Zifferblatt vollendet hast, finde einen passenden Titel für dein Bild. (15 Min.)

Der Jahrmarkt

Der Jahrmarkt hatte schon immer eine Aura von Abenteuer, Überraschung, Staunen und Geheimnis. Da das Leben der meisten Menschen mehr Routine als Abenteuer beinhaltet und meist zu wenig Herausforderung und Faszination, bietet der Jahrmarkt die Illusion eines anderen Lebens.

Material: Zeichenpapier, Buntstifte, Ölkreide, Wachsmalstifte, Filzschreiber

Anleitung

Stell dir vor, dass du über einen Jahrmarkt schlenderst. Bunte Lichter, verlockende Gerüche, Musik und Menschen auf der Suche nach dem Unbekannten versetzen dich in eine sensible Stimmung. Du öffnest dich für die vielen Eindrücke, die hier auf dich einströmen. Du bist auf der Suche nach einem Impuls, der dir einen neuen Schritt im Leben ermöglicht.

Nach einiger Zeit glaubst du, dass du gefunden hast, was du suchst. Was fesselt deine Aufmerksamkeit? Was hast du entdeckt?

Zeichne deine Entdeckung und verzichte darauf, deine Motive, deine Neugier zu bewerten. Vielleicht entdeckst du auch etwas Neues in dir selbst. (10 Min.)

Fehler

Wir können es nicht vermeiden, im Leben Fehler zu machen. Aus vielen Fehlern können wir etwas Wichtiges lernen, aber es gibt auch Fehler, die gefährlich sind und die unser Leben verkürzen können. Die Auseinandersetzung mit Fehlern, mit Kritik und mit Feedback ist für jeden Menschen wichtig. Wir müssen überprüfen, ob wir unseren eigenen Maßstäben gerecht werden.

Material: Zeichenpapier, Buntstifte, Ölkreide, Wachsmalstifte, Filzschreiber

Anleitung

Erinnere dich an einen Fehler, aus dem du etwas Wertvolles gelernt hast. Meist erkennen wir das erst im Rückblick. Für diese Art von Fehlern dürfen wir sogar dankbar sein. Zeige in einem Bild, wie es zu dem Fehler kam und was du später daraus gemacht hast. (15 Min.)

Kraft des Willens

Willenskraft wird häufig in ihrer Bedeutung unterschätzt. Aber wenn wir jemanden nach seiner größten Schwäche fragen, hören wir häufig, dass es ein Mangel an Selbstkontrolle ist. Noch stärker als Kreativität ist Willensstärke die Voraussetzung für ein gutes und erfolgreiches Leben.

Material: Zeichenpapier, Buntstifte, Ölkreide, Wachsmalstifte, Filzschreiber

Anleitung

Willenskraft ist vielleicht das Wertvollste, was wir im Leben entwickeln können. Im Allgemeinen schenken wir dieser Charakterstärke jedoch zu wenig Aufmerksamkeit. Du kannst das jetzt korrigieren, indem du deiner persönlichen Willenskraft ein Denkmal setzt. Zeige in einem Bild, wie du sie beurteilst, was du ihr verdankst, wieweit auch andere durch sie profitiert haben. Lass dir für dein Bild fünfzehn Minuten Zeit und dann finde einen passenden Titel dafür. (15 Min.)